Herrmann Keuscher

# Warum dich russische Frauen glücklicher machen

www.tredition.de

© 2022 Herrmann Keuscher

Verlag und Druck:
tredition GmbH, Halenreie 40-44, 22359 Hamburg

ISBN
Paperback: 978-3-347-21301-2
Hardcover: 978-3-347-21302-9
e-Book:     978-3-347-21303-6

# Inhaltsverzeichnis

# 1. Einleitung

Wir leben heute in einer seltsamen Welt und seltsame Zeiten bringen seltsame Bücher hervor. Dieses ist eines davon. Herrmann Keuscher schreibt „Warum dich russische Frauen glücklicher machen". Das lässt Schlimmes befürchten. Aber ihr denkt richtig: die folgenden Zeilen handeln vom Thema Dating, Liebe und Partnerschaft in Deutschland – und zwar aus Männersicht. Im Westen nichts neues, wird der ein oder andere jetzt denken: wieder so ein selbsternannter Frauenversteher, dem wieder viel zu viel verzweifelte Männer ihr Geld hinterherwerfen. Ja das ist richtig, es gibt heute viele solche Bücher. Sie werden von Männern geschrieben, die ihrem eigenen Geschlecht wieder auf die Beine helfen wollen; und das nicht nur mit Büchern, es werden auch aufwendige Workshops, im Zweifel sogar noch aufwendigere Einzel-Coachings abgehalten. Denn viele Männer – so der Eindruck – brauchen heute Nachhilfe im Umgang mit Frauen. Oder wie lässt es sich erklären, dass es Menschen gibt, die von dieser Nachhilfe leben, quasi von Beruf Flirt-Coach und Liebes-Guru sind. Eine Tatsache die man durchaus hinterfragen sollte.

Die „Generation Beziehungsunfähig" ist in aller Munde. Michael Nast hat mit diesem Buchtitel Spiegel-Bestsellerstatus erreicht. Immer mehr Menschen in Deutschland sind Single und niemand scheint sich daran zu stören. „Glücklich sein" ist ein Privileg, dass heute jedem zugestanden wird. Selbst-Verwirklichung ist das Motto der Stunde, dem jeder gerecht werden will. Doch wenn jeder für sich das Beste will, dann leidet darunter der Kompromiss, der „langweilig" wird; ihm lastet nun der Ruf an „etwas verpassen zu können". Auf diese Weise bleiben gerade in Liebesfragen viele Wünsche unbefriedigt. So bewirkt die neue Freiheit auch, dass einsame Männerherzen an den Türen sog. „Pick-Up" Coaches klopfen und deren Rat kaufen.

Dort hören sie dann verschiedene Ratschläge, die sich wie folgt zusammenfassen lassen:

• Akzeptiere dich selbst, dann bist du selbstbewusst und das macht dich attraktiv
• Erkenne deine Schwächen und merze sie aus (alternativ auch: Punkte mit deinen Stärken, kaschiere deine Schwächen)

Der aufmerksame Leser wird hier einen Widerspruch feststellen. In der Praxis sind es die Beschwichtigungen der Eltern, die mit einem „Jeder Deckel findet seinen Topf" Mut machen wollen, während einem der beste Freund dazu rät, endlich den Vertrag im Fitnessstudio abzuschließen. Dabei macht jede der beiden Theorien für sich betrachtet durchaus Sinn. Natürlich ist ein von Selbstzweifel geplagter Mann weniger attraktiv als jemand der „weiß, wo der Hammer hängt". Andererseits werden aber wohl die meisten Frauen einen James Bond dem Quasimodo vorziehen.

Was stimmt also? Sollen wir uns dem Trend zur Selbstoptimierung hingeben oder doch einfach nur unsere innere Ruhe finden? Was rät man einen ausgeglichenen, selbstsicheren Mann, den aber keine Frau – mit Ausnahme der eigenen Mutter – will. Nur Geduld, die Richtige kommt schon noch? Es ist also doch etwas komplizierter. Auch deswegen – und weil es uns alle betrifft – ist das Thema Liebe ein Kassenschlager. Sei es in Hollywood-Dramen, Klatschblättern oder Talk-Shows: „wer mit wem?" ist oft interessanter, als wenn der zuständige Minister in der Tagesschau vor der anstehenden Wirtschaftskrise warnt. Es ist auch leichter zu verstehen, zumindest auf den ersten Blick. Denn am Ende weiß niemand, warum die Zahl der Singles – gerade der männlichen Singles – in Deutschland immer weiter ansteigt.

Ich will mich mit diesem Buch nicht so weit aus dem Fenster legen, als dass genau ich das wüsste. Allerdings stelle ich in diesem Buch eine These auf, die den meisten Lesern neu sein dürfte. Und aus dieser These folgere ich einen provokanten Ratschlag für alle Männer in Deutschland, die „etwas Besseres" wollen: Der Blick nach Osten lohnt sich.

# 2. Frustrierter, weißer Mann sucht…

Der weiße Mann ist heute das Symbol für die Überwindung des sog. Patriarchat, einer ungerechten Männerherrschaft, welche unsere Gesellschaft bis zum Beginn der berühmten „68er-Generation" geprägt hatte. Auch wenn man es sich heute kaum mehr vorstellen kann, so durften Frauen beispielsweise bis 1962 ohne Zustimmung ihres Ehemannes kein eigenes Konto eröffnen. Ein selbstbestimmtes Arbeiten war für Frauen sogar erst 1977 möglich, zumindest offiziell mit der entsprechenden Anpassung im Bundesgesetzbuch. Es hat sich seither viel getan in Deutschland. Nichtsdestotrotz ist es durchaus nachvollziehbar, wenn auch heute noch Frauen empfindlich auf das Aufkeimen politischer Strömungen reagieren, bei denen im Unterton das Ideal der „guten alten Zeit" mitschwingt.[1]

Wenn wir im Jahr 2022 vom frustrierten, weißen Mann sprechen, dann denken wir an die USA und die Anziehungskraft, die dort Donald Trump auf bestimmte Menschen ausübt. Genauso wie es in Deutschland Männer gibt, die heute ähnlich denken. Die Spaltung der Gesellschaft ist schließlich auch in Westeuropa angekommen.

Wen wir aber nicht meinen, sind diese jungen Holzfäller aus den Großstädten, die sich Hipster nennen und ebenso nicht den emanzipierten Ehemann, der kein Problem damit hat die Wohnung zu putzen, während sich seine bessere Hälfte um die Steuererklärung kümmert.

Es gibt auch noch eine ganz andere Sorte frustrierter weißer Männer, denen weder die Klatschblätter noch eine Genderstudie Beachtung schenken will. Ich spreche von niemand anderen als den deutschen Durchschnittsmann in seiner besten Zeit, im heiratsfähigsten Alter. Was auch mich, wirst du dich als Leser vielleicht fragen. Zugegeben, ich kenne dich nicht; dass du dir diesen speziellen Ratgeber gekauft hast lässt aber einige Rückschlüsse auf dich zu (sofern du nicht James Bond oder eine Frau bist, d.h. dich dieser Zeilen nur aus Jux und Tollerei widmest). Höchstwahrscheinlich bist du Single, eventuell nicht und du versteckst dieses Buch vor deiner (Noch-)Partnerin. Warum ich so denke, naja ich bin ein sehr skeptischer Mensch. Aber natürlich ging es mir auch einmal genauso wie dir.

Falls du Single bist, wahrscheinlich im Alter zwischen 25 und 45, dann bist du keineswegs allein. Soll man den Zahlen glauben, so gab es 2020 rund

3,24 Mio. männliche Singles in Deutschland, im Vergleich zu 1,86 Mio. weiblichen Singles in deiner Altersgruppe.[2] Natürlich gibt es die verschiedensten Gründe warum jemand Single ist, auch tragische, die – auch wenn nicht Gegenstand dieses Buches – an dieser Stelle aus Respekt erwähnt werden sollen (auch ein Witwer oder eine Witwe zählen als Single). Auffällig – und Grund warum es diesen Ratgeber gibt – ist der starke Anstieg der Zahl männlicher Singles zwischen 1996 und 2017 um mehr als 60%. Zwar nahm ebenso die Anzahl weiblicher Singles im Vergleichszeitraum zu, jedoch stieg diese nur um 10%.[3] Eine junge Studie des internationalen Marktforschungsinstituts Mintel brachte das überraschende Ergebnis zum Vorschein, dass Männer als Single im Durchschnitt unglücklicher sind als alleinstehende Frauen. Sie sind den Forschern nach zu urteilen „in festen Händen" die glücklicheren Menschen[4]. Vor diesem Hintergrund ist die anwachsende Zahl an Junggesellen wortwörtlich eine traurige Entwicklung.

Gesetzt den Fall, du bist in einer Beziehung, dann schließe ich aus deinem Interesse für dieses Buch, dass du dir Fragen über deine damalige Partnerwahl stellst. Vielleicht kannst du eine attraktive Frau dein Eigen nennen, die dir aber täglich die Hölle heiß macht. Tja, so eine Frau von Klasse ist nicht leicht zufrieden zu stellen, zumindest nicht in Deutschland. Du musst dich auch nicht wundern, wenn sie dich plötzlich nicht mehr liebt und du als stolzer Teil in die anschwellende Single-Statistik eingehst. In den USA ergab eine zwischen 2009 und 2015 großangelegte Studie, dass in 69% der Fälle die Initiative zur Scheidung von der Frau ausging.[5] Auch für Deutschland gilt, dass in Beziehungsfragen zwei von drei Trennungen von der Frau ausgehen. Natürlich muss man diesen Zusammenhang nicht negativ interpretieren, vielleicht spiegelt sich darin auch nur die Inkompetenz vieler deutscher Männer eine moderne Beziehung führen zu können (auf das Thema „blinder Idealismus" kommen wir noch zu sprechen). In diesem Sinne müsste man(n) sich dann auch nicht wundern, wenn Frauen immer häufiger fremdgehen und dem „starken" Geschlecht in dieser Disziplin mittlerweile den Rang ablaufen.[6] Irgendwer muss schließlich die Initiative ergreifen, wenn es in der Beziehung nicht mehr „läuft", was in der Praxis manchmal auch nur bedeutet, dass der Kick aus den ersten zwei Jahren nicht mehr wirkt. Lieber (männlicher) Leser, „Versorger" sein reicht heute nicht mehr, du solltest auch „Entertainer"-Qualitäten (was ich damit meine, erkläre ich noch) mitbringen.

Es kann natürlich auch sein, dass du zwar eine Partnerin hast, diese jedoch nicht deine Ansprüche erfüllt; in der Regel sind die Machtverhältnisse in der Beziehung dann umgekehrt. Das klingt erst mal komisch, aber natürlich steht es auch Männern zu mit einer gewissen Erwartungshaltung durch das Leben zu gehen. Ob du in deiner Partnerwahl noch Luft nach oben hast, kann ich dir, lieber Leser, leider nicht sagen, ich kenne dich ja nicht. Ich kann hier nur auf die nachfolgenden Kapitel verweisen, welche dir diese Frage beantworten sollten. Nichtsdestotrotz möchte ich betonen, dass eine liebende Frau etwas Besonderes und Schönes ist, gerade in unserer verkommenen Wegwerfgesellschaft.

Selbst wenn ich die Situation des modernen weißen Mannes evtl. etwas überspitzt formuliert habe, so bin ich mir sicher, dass sich nicht wenige Leser darin wiederfinden werden. Wer jetzt denkt „das kann doch nicht sein", dem möchte ich ein paar weitere Statistiken ans Herz legen. Laut einer großangelegten Studie mit über 16000 Teilnehmern an der UCL Universität in London ist jeder achte 26-Jährige im Jahr 2016 noch Jungfrau, in den 90er-Jahren war es nur jeder zwanzigste. Generation Porno hat immer weniger Sex, zumindest wenn man darunter einen Akt versteht, an dem mehr als eine Person beteiligt ist.[7] Eine weitere Studie der Universität Leipzig aus dem Jahr 2016 zeigt, dass fast ein Drittel der 18 bis 30-Jährigen heute sexuell inaktiv sind. Im Vergleich dazu waren es zehn Jahre zuvor nur halb so viele die in Enthaltsamkeit lebten.[8] Eine bizarre Entwicklung im atheistischen Deutschland, welches sich im selben Atemzug den Weltmeister-Titel im „Porno-Gucken" ergattern konnte (der Anteil der Deutschen am weltweiten Porno-Traffic im Internet ist sog. um 50% höher als dem der viermal so großen US-Bevölkerung[9]). Was das Geschlechterverhältnis bei solchen Trends betrifft: Es sind heute mehr Männer als Frauen, die kein regelmäßiges Sexualleben aufweisen können, das ist zumindest das Resultat der Leipziger Studie[10]. Die Single-Landschaft wird bis ins hohe Alter von 50 Jahren von einem Männerüberschuss geprägt. Warum das so ist, soll Thema des nächsten Kapitels sein. Der gemeine Leser vermutet jedoch zu Recht, dass in diesem Ungleichgewicht bereits einer aus vielen Gründen steckt, wegen denen am Ende nicht jedermann „zum Schuss kommt".

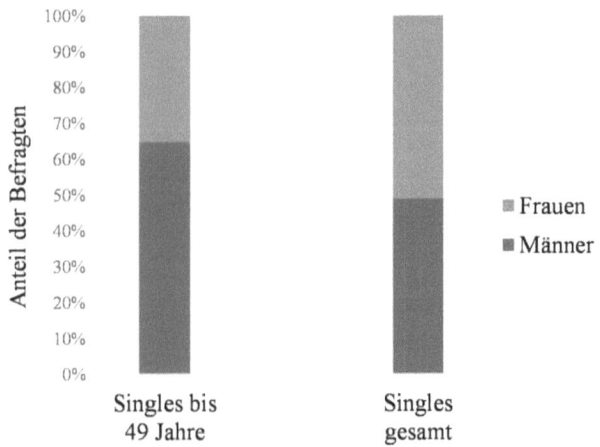

**Abbildung 1: Singles in Deutschland nach Geschlecht im Vergleich mit der Bevölkerung im Jahr 2018** (in Anlehnung an [11])

16

Meine Eltern ziehen mich beim Anblick solcher Zahlen gerne auf; wie so vieles hat man auch das „Bumsen" früher doch so viel besser hingekriegt. Man bräuchte sich nicht wundern, wenn mit „Facebook und Co." die Fähigkeit zur einfachsten zwischenmenschlichen Kommunikation verkümmert. Damals langte man seiner Lieblingsdame beim Ringelpietz nur einmal an den Hintern und die Sache war gelaufen. Natürlich steckt in dieser Feststellung ein Funken Wahrheit – auch Eltern haben manchmal Recht – aber es beschreibt nur einen kleinen Teil des Problems (außerdem denke ich, dass vieles was früher als Flirten durchging heute unter sexuelle Belästigung fällt).

Lässt man den Spaß mal beiseite, so steckt hinter diesen Zahlen eine zunehmende Vereinsamung breiter Schichten der männlichen Bevölkerung. Natürlich sagt eine Statistik nichts über ein Einzelschicksal aus und tatsächlich muss jegliches Datenmaterial differenziert betrachten werden. So gibt es in ländlichen Regionen häufig einen deutlichen Männerüberschuss, während in den Großstädten Beziehungen immer lockerer gehandhabt werden. Beide Phänomene prägen die Single-Statistik auf ihre Weise und werden am Ende in einer Durchschnittszahl über einen Kamm geschert. Wir werden uns den Details im nächsten Kapitel näher widmen, es soll an dieser Stelle nur aufgezeigt werden, dass das einstige schwarze Schaf der Familie, der Junggeselle, heute so allgegenwärtig ist wie Frauen, die keine Mutter sein wollen.

Was normal ist, ist gut und dieses Buch damit überflüssig? Wenn sich Männer aus Einsamkeit in WGs zusammenrotten und mir das dann, weit jenseits des Studentenalters, als „cool" verkaufen, dann versteh ich häufig die Welt nicht mehr. Zwar lob ich mir jede optimistische Lebenseinstellung, die immer sinnvoller ist, als sich in depressiven Selbsthass zu Grunde zu richten. Ich höre darin aber ebenso ein großes Maß an Resignation, ein „es ist halt wie es ist". Und da Männer stolze Wesen sind und über Gefühle nur sprechen, wenn es nicht allzu ernst wird (mit Bier- und Furzgeschichten ist man dem Mitgefühl seiner Geschlechtsgenossen sicher), ertragen die meisten stoisch ihr Schicksal. Und niemand soll mich hier falsch verstehen, ich kann diese Reaktion in gewisser Weise nachvollziehen. Irgendwann ist das Maß an schlechten Erfahrungen voll und wenn es einfach nicht „klappen" will, dann wählt man(n) eben einen Lebensstil, mit dem man(n) auch ohne Frau auskommt.

## 2.1. Von Aussteigern und Unerbittlichen

Natürlich gibt es auch nicht DEN deutschen Single-Mann, grundsätzlich lässt sich dieser aber – sofern der Single-Status unfreiwillig gewählt wurde[12] – in zwei Kategorien einteilen, und zwar die der „Aussteiger" und die der „Unerbittlichen". Erstere beschreibt Männer, welche sich bewusst dafür entschieden haben, die (zumindest aktive) Suche nach dem Liebesglück (zumindest vorerst) sein zu lassen. Das kann unterschiedliche Gründe haben, vielleicht wollen sie keine Energie in etwas stecken, was sie für nicht sehr aussichtsreich halten, vielleicht glauben sie aber auch, dass die wahre Liebe ihnen schon noch zufällig über den Weg laufen wird und man dafür nichts weiter tun muss. Auf der anderen Seite gibt es die Gruppe der Unerbittlichen, womit Männer gemeint sind, die – auch wenn sie alle Arten einer weiblichen Zurückweisung aufzählen können – sich keinesfalls mit ihrem Schicksal als Single abfinden wollen. Auch hier muss man wiederum zwischen einem kompromisslosen und einem progressiven Typus unterscheiden. Letztere setzen sich von Ersteren dadurch ab, dass sie experimentierfreudiger sind, sich selbst und ihr „Baggerverhalten" kritisch hinterfragen und im Extremfall den Prozess des „Frauen für sich gewinnen" als eine Art Persönlichkeitsentwicklung sehen.

Es ist an dieser Stelle egal, welcher der hier von mir selbst definierten Spezies an Single-Männern du, lieber (nicht weiblicher) Leser, dich zuordnen würdest. Die Kategorisierung in den Aussteiger und den Unerbittlichen ist Absicht, da beide Gattungen sinnbildlich zwei neue, aufstrebende Männerbewegungen repräsentieren, auf die ich etwas näher eingehen möchte: „MGTOW" und „Pick-Up". Und eines vorweg, die simple Tatsache, dass es diese Bewegungen gibt, zeigt besser als jede meiner erwähnten Statistiken, wie es um den Single-Mann von heute (in der westlichen Hemisphäre) bestellt ist.

Beide Bewegungen haben ihren Ursprung, wie so vieles andere aus der Populär-Kultur, in den USA, wobei der Begriff „Pick-Up" der ältere von beiden ist. Er wurde zur Sammelbezeichnung von überwiegend männlichen Gruppen, die sich durch gezielte Anwendung verschiedener Verhaltensweisen und psychologischer Methoden bessere Chancen bei der sexuellen Verführung fremder Menschen versprechen. Heute existiert eine ganze Industrie aus Dating-Gurus und Frauenverstehern, bei denen der ratlose Single-Mann Hilfe in Anspruch nehmen kann, sei es in Form von Büchern, Workshops, ja sogar eine individuelle Betreuung ist ohne weiteres möglich. Auch wenn es schwierig scheint, aus der großen Auswahl den richtigen Ratgeber zu finden, so sind sich die meisten der selbsternannten Flirt-Experten doch in einem Punkt recht einig: Persönlichkeitsentwicklung ist der Schlüssel zum Erfolg. Die klassischen Pick-Up Gurus verstehen darunter das Abgewöhnen von „Beta"-Eigenschaften („Beta" als Gegensatz zum angestrebten Ideal des „Alpha-Mannes"), welche evolutionär bedingt auf

Frauen unattraktiv wirken. Auch Frauen wählen demnach ihre Partner bewusst oder unbewusst nach dem Prinzip der natürlichen Selektion, was bedeutet, dass sie Männer mit „guten Genen", d.h. qualitativ hochwertigen Eigenschaften für die Zeugung und Versorgung eines potenziellen Nachwuchses den Vorrang geben. Diese bevorzugten Qualitäten muss auch der schönste und stärkste Adonis unter Beweis stellen. Um die Spreu vom Weizen zu trennen, wird ihm die Dame seiner Wahl verschiedene Steine in den Weg legen; dies wird in der Pick-Up Szene auch als „Shit-Tests" bezeichnet. Spricht ein Mann z. Bsp. eine fremde Frau an und diese reagiert abweisend, so muss das nicht zwingend Desinteresse bedeuten. Es gilt hier Stärke zu zeigen und nicht locker zu lassen bis wirklich klar wird, dass es sich um keinen „Shit-Test" handelt (spätestens, wenn sie die Polizei ruft weiß man(n) das). Die Szene ist von einer „You can do it"-Mentalität geprägt, weswegen es auch kein Beinbruch ist, wenn man(n) bei einer Frau „durchgefallen" ist (also abgewiesen wurde). Vielmehr solle man(n) sich immer wieder aufrappeln und mit jedem Flirtversuch seine Persönlichkeit – und damit seine Attraktivität für Frauen ganz allgemein – entwickeln. Damit ein blutiger Anfänger hierbei nicht ständig ins offene Messer läuft, lehrt Pick-Up Methoden, also Verhaltens- und Kommunikationstechniken, die dem jungen Padawan als Hilfestellung dienen sollen. Die Szene versprüht einen verführerischen

Optimismus, der auch mich einst – wenn auch nur kurz – in den Bann gezogen hat. Bevor ich meine Erfahrungen und Meinung zu Pick-Up äußern werde, möchte ich noch auf ein weiteres, ähnliches Neuzeitphänomen eingehen: MGTOW.

„MGTOW" steht für „Men going their own way" und dem Namen nach für eine Lebensphilosophie, in welcher ein Mann sämtliche Beziehungen zu Frauen auf ein Minimum reduzieren sollte, da Letzteren grundsätzlich schlechte Absichten unterstellt werden. Ein Mann kann demnach nur dann ein maximales Lebensglück erreichen, indem er sich der einzigen Waffe der Frau, ihren sexuellen Reizen, maximal widersetzt. Um diese Unabhängigkeit Schritt für Schritt zu erreichen gibt es fünf Phasen, die der angehende MGTOW durchschreiten muss. Phase 1 ist dabei das „Erwachen", was symbolisch oft – in Analogie an den Film Matrix – als das Schlucken einer roten Pille (der „Wahrheit") dargestellt wird. Sie beschreibt das Erlangen der vermeintlichen Erkenntnis, dass der (westliche) Mann sich heute in einer sog. „gynozentrischen" Gesellschaft vorfindet, welche, im Schleier einer propagierten Gendergleichheit, die systematische Bevorzugung von Frauen in allen Lebensbereichen vorantreibt. In allen weiteren Phasen soll der angehende MGTOW deswegen nicht nur seine Unabhängigkeit vom anderen Geschlecht, sondern in einem letzten Schritt auch von der als männerfeind-

22

lich angesehenen Gesellschaft als Ganzes kultivieren. Zusammenfassend kann man die Bewegung als eine pessimistische Weiterentwicklung der Pick-Up Philosophie sehen, schließlich wird auch in Letzterer die Rolle des emanzipierten, modernen Mannes entschieden abgelehnt und stattdessen der Typus einer über alle Normen erhabenen Führernatur heroisiert.

Für mich persönlich ist die MGTOW Bewegung nicht mehr und nicht weniger als ein Spiegelbild unserer Gesellschaft. Genauso wie „Red Pill"- oder die Incel-Subkultur, die beide mittlerweile immer mehr für Schlagzeilen sorgen. Das alles zeigt nur, dass viele westliche Männer unglücklich und einsam sind. Im Grunde tut das auch Pick-Up, denn die Tatsache, dass es einen so großen Markt für das Coaching von Single-Männern gibt spricht für sich. Am Ende des Tages denke ich aber, dass es sinnlos ist sich der Natur zu widersetzen. Jeder Mensch hat ein sexuelles Grundbedürfnis, dass in der Rangordnung nach Essen, Trinken und Schlafen seinen berechtigten Platz einnimmt. Und das ist nur die animalische Seite der Medaille. Um mehr als nur Instinkt zu sein – und das ist es was einen Menschen ausmacht – musst du Lieben können. Wer sein Herz nicht öffnen kann, so kitschig das auch klingt, wird nie den wesentlichen Teil unseres Daseins begreifen und dementsprechend auch nie vollkommen glücklich sein können[13]. Meine Lebensphilosophie ist es glücklich zu sein oder zu werden, aus diesem Grund wäre MGTOW nichts für mich und ich würde eine Weltsicht, die sich gegen die eigene Natur stellt, auch niemanden empfehlen. Aber natürlich verstehe ich die Männer hinter dieser Bewegung und auf irgendeine Weise finde ich ihre Art des Widerstands auch sympathisch. Zumindest imponieren sie mir mehr als diejenigen, welche in der Szene als „White Knights" beschimpft werden: alleinstehende männliche Feministen, die durch nette Worte ihrer Einsamkeit entfliehen wollen, doch dafür zum Dank vom schönen Geschlecht als „der liebe (asexuelle) Kumpel" abgestempelt werden. Etwas weniger weltfremd – aber genauso sinnlos – ist es, wenn Männer pseudo-stoisch ihr Single-Schicksal ertragen, in völligem Vertrauen auf ein erhofftes „jeder Topf hat seinen Deckel" Naturgesetz, dass früher oder später auch sie von ihrer Einsamkeit erlösen wird. Idealismus kann inspirierend sein, mehr aber auch nicht. Man(n) sollte die Welt nicht schöner malen als sie ist, auch wenn es weh tut, in der Regel ist diese Sicht der Dinge hochgradig kontraproduktiv (etwas, auf das ich in diesem Buch immer wieder zurückkommen werde). In diesem Sinne kann der Skeptiker in mir auch nicht an die von der MGTOW Bewegung angestrebte Umwälzung eines angeblich vorherrschenden gynozentrischen Zeitgeistes glauben (inwieweit dieser überhaupt existiert, darauf komme ich im nächsten Kapitel zu sprechen). Kritisches Denken,

24

das alle Konventionen und die Gesellschaft als Ganzes hinterfragt, kann ich dagegen nur gutheißen. Es schadet nie sein Gehirn zu benutzen, denn dafür ist es ja da. Grundsätzlich, lieber Leser, sei nicht beleidigt, wenn ich zusammenfassend bekennen möchte, dass ich vom Lebensentwurf des Aussteigers, auch wenn du dich dieser Kategorie als Single-Mann zuordnen würdest, recht wenig halte. Falls du darin deinen Frieden gefunden haben solltest, dann lass dich darin von mir nicht beirren, dieses Buch ist nur meine persönliche Meinung und unabhängig davon gibt es zu jeder Regel eine Ausnahme[14].

Widmen wir uns nun den Unerbittlichen, also denjenigen unter euch, welche die Fahne noch hoch halten, sich einen gewissen Optimismus beibehalten haben oder ganz einfach in Sex und Partnerschaft einen wesentlichen Grundpfeiler für eine glückliche Lebenszeit sehen. Das finde ich gut, die Frage ist nur, warum ihr immer noch Single seid? Wenn ihr erst vor kurzem aus einer Beziehung geflogen seid (ich bin so zynisch und gehe vom statistisch wahrscheinlichsten Trennungsvorgang aus) dann beginnt nun die Stunde der Wahrheit. Man sollte dem ersten Date in dieser Neufindungsphase nicht zu viel Bedeutung beimessen, war aber auch das fünfte Rendezvous ein Reinfall – aus Frauensicht versteht sich –, dann beginnt der Selbstzweifel sein Werk und ihr fühlt euch in der Casanova-Rolle plötzlich nicht mehr so sicher. Zumindest bleiben die vielen aufregenden Bettgeschichten, die ihr euch erträumt hattet, vorerst aus.

Jeder hat in so einer Situation drei Möglichkeiten und letztlich entscheidet das vorhandene Rest-Selbstvertrauen welcher man den Vorzug gibt. Dem Aussteiger wird es nun reichen, er hat schließlich auch seinen Stolz und keine Frau der Welt hat das Recht ihn so abzukanzeln. Dagegen wird jemand mit einem gesunden Selbstvertrauen in den Zurückweisungen nicht mehr als ein „es hat halt nicht gepasst" sehen und einfach weiter machen. Es wird sich zeigen, ob er einfach nur Pech hatte oder eher einem Wahnsinnigen gleicht, der immer wieder mit dem Kopf gegen die Wand rennt. Ein Mittelweg wäre der, den auch ich damals eingeschlagen habe. Man(n) wird nicht gleich aufgeben, aber sich eingestehen, dass die eigenen Flirt-Fähigkeiten nach einer langjährigen Beziehung etwas eingerostet sind. Vielleicht „googelt" man(n) dann zu diesem Thema und wird schwuppdiwupp mit der Pick-Up Szene Bekanntschaft machen. Die Warnungen der Gurus, es mit den gezeigten Techniken nicht zu übertreiben, sonst müsse man wegen der vielen Frauen sein bestes Stück mit Wundsalbe behandeln, blies ich getrost in den Wind. Tatsächlich bekamen meine Dates mehr Pepp, den Lehrsatz „ohne Berührung, keine Verführung" kann ich auch heute nur jedem nahelegen. Als Mann schadet es nicht, sich mit der Szene auseinanderzusetzen, gerade wenn man das Gefühl hat, eine Art Betriebsanleitung für den Umgang mit Frauen zu benötigen.

Das Problem bei Pick-Up ist (wie so oft) eine Überportion an Idealismus, in diesem Sinne die gepredigte „vom Quasimodo zum James Bond" Mentalität. Sie ist verführerisch, bewirkt aber auch, dass anstelle eines Selbstbewusstseins in erster Linie Selbstvertrauen aufgebaut wird. Ersteres bedeutet dem Namen nach, sich seiner selbst bewusst zu sein, d.h. sich nicht zu unter- oder überschätzen. Letzteres tun viele Pick-Up Fans, z. Bsp., wenn sie es auf meine Frau beim Shoppen in der Altstadt abgesehen haben. Wir amüsieren uns dann über ihre Erlebnisse beim Abendessen, ähnlich unterhaltsam wie unser Alkoholiker Nachbar mit der Spritzpistole, der sich hin und wieder für einen KGB-Agenten hält. Die Sache ist nämlich die: die weiblichen „Opfer" sind nicht so dumm, wie viele jungeifrige Vertreter der Szene denken. Noch dazu hat eine Frau in Deutschland heute sehr große Ansprüche und diese beschränken sich leider nicht nur auf das vermeintlich coole Auftreten ihres Verehrers. Wäre dem so, und das kannst du mir, lieber Leser (egal welchen Geschlechts) ruhig glauben, wäre ich gerade Wundsalbe für mein bestes Stück kaufen. Spaß beiseite – außerdem bin ich verheiratet –, was ich damit sagen will ist einfach, dass die Sache etwas komplizierter ist.

Im Endeffekt konzentriert sich Pick-Up nur auf eine Stellschraube deiner männlichen Attraktivität, deiner (charakterlichen) Ausstrahlung, welche durch das Erlernen spezieller Soft-Skills kontinuierlich ausgebaut werden soll. Andere Faktoren, welche zumeist unabänderlich genetisch bedingt sind (v.a. die körperliche Attraktivität) werden bewusst außen vorgelassen, um dem grenzenlosen Optimismus keine Steine in den Weg zu legen[15]. Dabei möchte ich den Gurus der Szene nicht einmal unterstellen Scharlatane zu sein, die es nur auf das Geld ihrer verzweifelten Anhängerschaft abgesehen haben. Ich denke sie glauben wirklich was sie da von sich geben, und zwar aus mehreren Gründen. Oft sind die Lehrmeister sog. „Naturals" (um im Jargon der Szene zu bleiben), d.h. von Natur aus überdurchschnittlich attraktive Männer mit einem entsprechend von Natur aus überdurchschnittlichen Erfolg bei Frauen. Selbstredend spielen sie diese Tatsache herunter; allein Pick-Up hätte sie zu dem gemacht wer sie heute sind. Es mag sein, dass dem ein oder anderen „Natural" etwas Nachhilfe nicht geschadet hat, um den High-Score weiter in die Höhe zu treiben, zu einem Durchschnittsmann macht es ihn damit aber nicht. Ein weiterer Grund für diese weltfremde Selbstwahrnehmung mag sicherlich auch sein, dass Mütter ihren Kindern von klein auf einimpfen, dass Selbstbewusstsein der Schlüssel zur Attraktivität sei. In Wirklichkeit ist es aber eben nur eine aus vielen Komponenten, die einen Menschen auf andere anziehend wirken lassen. Nur ist es eben auch diejenige Komponente, die wir als beeinflussbar erachten, weswegen wir sie gerne auf einen Sockel heben. Das ist auch viel angenehmer, als sich mit der Willkür der Natur auseinanderzusetzen.

Am Ende muss ich dann doch noch eine Lanze für Pick-Up, ja eigentlich alle Unerbittlichen brechen, denn ihr gebt nicht auf und das ist gut. Und natürlich ist es wichtig, an seinen sozialen Fähigkeiten zu arbeiten, denn ein schüchterner, unsicherer Mann kann niemanden für sich begeistern (Frauen mit „Mama-Komplex" mal ausgenommen). Es schadet auch nicht das propagierte Rollenbild des emanzipierten Softie-Mannes zu hinterfragen. Ich weiß nicht wer dieses vermeintliche Ideal in die Welt gesetzt hat, eine (heterosexuelle) Frau kann es nicht gewesen sein. Sie scheint diesen Typ zwar nett, aber für den Spaß in der Kiste als „zu langweilig" zu empfinden. Vergesst auch die alten Geschichten mit den Deckeln und den Töpfen, werdet lieber selbst aktiv. Probiert gerne Pick-Up, verliert aber nicht den Boden der Tatsachen unter euren Füßen.

## 2.2 Das Gesetz von Angebot und Nachfrage

Es schadet nicht an sich zu arbeiten, nur gibt es eine Stellschraube, die habt ihr bis jetzt völlig vernachlässigt. Ihr solltet dringend an ihr drehen, denn sie ist um weiten aussichtsreicher als alles was ihr bisher zum Thema Dating, Liebe und Partnerschaft gehört habt. Ich zeige euch wie das geht, nur muss ich euch vorher auf den Gipfel des Nihilismus entführen. Stellt euch die Anziehung zwischen Männern und Frauen als ein marktwirtschaftliches Prinzip vor, dem Gesetz von Angebot und Nachfrage. Zwischen beiden stellt sich, laut dieser Theorie, nach einem gewissen Zeitraum immer ein Gleichgewicht ein, welches mit einer Preisbildung einhergeht. Eventuell ist das entgegen eurer Vermutung, aber ihr, liebe Single-Männer, repräsentiert das Angebot in dieser natürlichen Ordnung. Auch in Zeiten moderner Gendergleichheit liegt es an euch die Frauenwelt zu umwerben, d.h. ihr macht Werbung für euch als ein Produkt. Das schöne Geschlecht entscheidet schließlich, ob es euch als kaufenswert erachtet, indem es euch einen Preis zuordnet, der euren Wert auf dem Dating-Markt widerspiegelt[16]. Aus der Pick-Up Szene übernehmen wir nun die Einordnung von Frauen in eine Attraktivitätsskala von 1 bis 10, welche zudem in meinem

30

Gleichnis ihre individuelle Kaufkraft darstellt. Der Spruch „Schönheit liegt im Auge des Betrachters" bedeutet folglich einen Toleranzbereich um 2 Punkte auf dieser Skala. In der Praxis, d.h. außerhalb der üblichen Realitätsbeschönigung, wird schließlich jeder eine „10" der „1" vorziehen (bei jedem, der bei dieser Überdosis an Nihilismus Schnappatmung bekommt, möchte ich mich entschuldigen und nun bitten das Buch für eine Minute wegzulegen).

Da es die gesellschaftliche Norm so vorsieht, darf sich jede Frau für nur ein Produkt der Kategorie Mann entscheiden und wird dies (im Durchschnitt) anhand ihrer Kaufkraft tun. Könnt ihr, liebe Single-Männer, nun keine Dame eurer Wahl für euch begeistern, dann habt ihr üblicherweise nur zwei Möglichkeiten. Ihr versucht euren Marktwert zu steigern, wobei die Natur euch dabei gewisse Grenzen setzt oder ihr bietet euch fortan Interessentinnen mit einer geringeren Kaufkraft an, d.h. ihr senkt eure Ansprüche an eine Frau. Ein Unternehmer würde in so einer Situation aber eine dritte Option in Betracht ziehen, ehe er sein Produkt unter Wert verkaufen oder mit viel Geldeinsatz aufwerten muss. Er würde sich nach anderen Absatzmärkten umsehen, in welchen sein Produkt eine höhere Nachfrage erfährt.

Nichts anderes solltet auch ihr mit dem Produkt tun, dass ihr selbst darstellt. Euer Heimatmarkt Deutschland repräsentiert nicht die ganze Welt, eigentlich nur einen winzigen Teil davon. Einfach ausgedrückt: Nur weil ihr hier, mit eurer Art und Weise, nicht die Frauen für euch begeistern könnt, die ihr euch eigentlich wünscht, heißt das noch lange nicht, dass es euch anderswo genauso ergehen muss. Denn hier kommt die gute Nachricht: Es gibt viele Märkte und alle verhalten sich unterschiedlich. Die schlechte Nachricht: du (als Durchschnitts-Mann und Single) befindest dich in Deutschland heute leider in einem sehr unattraktiven Marktumfeld. Warum möchte ich dir im nächsten Kapitel beweisen.

# 3. Kein Liebesglück im Westen

Ich habe am Ende des Vorgängerkapitels den Liebesdingen unterstellt einer gewissen Marktlogik zu
folgen. Als Folge davon habe ich eine Theorie auf-
gestellt, nach der Partnerschaften und die Frage, ob
ein bestimmtes Individuum hierfür als eine attraktive Wahl gilt, auch maßgeblich von den vorherrschenden länderspezifischen Verhältnissen geprägt
werden. Nachdem ich ein paar nackte (und traurige) Tatsachen zur heutigen Situation vieler deutscher Männer aufgezeigt habe, möchte ich nun über
das „Warum" sprechen. Das heißt ich möchte die
Gründe darlegen, warum Deutschland für viele
Männer ein unrentables Marktumfeld darstellt und
es sich lohnen kann, den Blick über den Tellerrand
zu wagen. Wer das erste Kapitel übersprungen haben sollte und nun beim Lesen der Zeilen vor Ekel
erstarrt ist, dem rate ich zurückzublättern. Ich hoffe
ich konnte dort den Irrsinn der „Jeder Deckel findet
seinen Topf" Ideologie ausreichend belegen. Wenn
nicht hoffe ich es mit diesem Kapitel zu tun.

Letzteres wird, der ein oder andere hat es bereits
erwartet, auch viel vom Themenkreis der „Emanzipation" handeln. Dennoch wird sich der geneigte
Leser wundern, warum der Begriff nicht in den

Überschriften der folgenden Unterkapitel auftaucht. Das liegt daran, dass ich auf einzelne Phänomene im Detail eingehen und diese bestmöglich voneinander abgrenzen möchte. Viele davon würden wohl als Effekt der sog. „emanzipierten Gesellschaft" zugeordnet werden. Diese taugt aber nur als abstrakte Zustandsbeschreibung des allgemeinen Zeitgeistes. Auch „Feminismus" ist heute nicht mehr als eine polarisierende Worthülse. Beide Begrifflichkeiten können als das Bindeglied zwischen den einzelnen, von mir beschriebenen Phänomenen gedacht werden. Denn keiner der folgenden Punkte steht für sich oder ist von höherer Bedeutung, sondern beschreibt nicht mehr als eine Gesellschaft, die sich im Wandel befindet. Und wenn wir einen Blick in die Geschichtsbücher werfen wird uns auffallen, dass es so schon immer war. Diese Erkenntnis nützt dir, lieber männlicher Leser, freilich recht wenig. Es sei denn du ziehst die richtigen Schlüsse daraus.

## 3.1. Karrierefrauen und Kapitalismus

Lieber Leser, wenn ich dich fragen würde, wem Frauen in Deutschland ihre heutigen Rechte zu verdanken haben, wirst du höchstwahrscheinlich an Personen wie Alice Schwarzer denken, die feministische Bewegung oder die berühmte 68er-Generation. Das ist auch nicht falsch, nur bewegen

34

Ideale allein auf der Welt wenig, sondern benötigen immer eine Art Katalysator, der die Sache quasi ins Rollen bringt. Die Ideale von Umweltschützern erhalten z. Bsp. in der Gesellschaft immer dann Rückenwind, wenn sich ökologische Aspekte, die über lange Zeit vernachlässigt wurden, sich plötzlich direkt auf das Leben der Menschen auswirken. Und so gibt es selbst unter Feministen die verbreitete Meinung, dass eine treibende Kraft bei der damaligen Umsetzung der rechtlichen Gleichstellung von Männern und Frauen aus der Wirtschaft kam, also von einem System welches wir heute gerne als „Kapitalismus" verteufeln.[17] Das warum ist leicht erklärt. Jeder der selbst an der Börse investiert ist weiß, dass steigende Umsatzzahlen von Unternehmen in der Regel mit steigenden Aktienkursen belohnt werden (sofern andere Finanzkennzahlen ebenfalls im grünen Bereich sind versteht sich). Unser Wirtschaftssystem benötigt Wachstum, das Bruttoinlandsprodukt vom Vorjahr sollte weit möglichst übertroffen werden; ansonsten kann man nervöse Politiker beobachten, die sich die kreativsten Maßnahmen ausdenken müssen, um die Rezession noch ein paar Jahre oder bestenfalls bis in die Legislaturperiode ihrer Nachfolger hinauszuzögern[18]. Als eine solche Maßnahme haben einst Politik und Wirtschaft die Frau für sich entdeckt, genaugenommen ihre potenzielle Kaufkraft. Alte Gesetze, die ihr aber nicht mal erlaubten über ein eigenes Bankkonto zu verfügen, standen ihrer Integration in die Konsumgesellschaft im Weg und mussten in einem ersten Schritt entfernt werden. Leider verfügt eine Familie mit nur einem Lohnempfänger nicht über genügend Kapital, um die neugewonnene Freiheit auch sinnvoll für die Gemeinschaft einzusetzen. In einem zweiten Schritt musste daher für Frauen der Weg in den Arbeitsmarkt geebnet werden. Aus Unternehmersicht vergrößerte sich dadurch zudem der Pool an Fachkräften aus dem man schöpfen konnte (ein hohes Angebot drückt auch hier den Preis für die Nachfrage). Nachdem alle rechtlichen Einschränkungen beseitigt waren, musste schließlich noch ein neues Rollenbild her. Die fürsorgliche Mutter in der „trautes Heim, Glück allein"-Idylle taugte hierfür nicht besonders. Seither wird deswegen das Bild einer Karrierefrau propagiert, die ihre Selbstverwirklichung nicht mehr ausschließlich im Kreis der traditionellen Familie suchen solle. Letztere sei schließlich nur ein Lebensmodell neben vielen anderen (mehr dazu im Kapitel 3.4).

Nun stellt sich die Frage, inwieweit eine Frau, die mit Begeisterung ihrem eigenen Berufsleben nachgeht, für dich als Mann von Nachteil sein soll. Zunächst muss gesagt werden, dass es ihr gutes Recht ist, dieselben Freiheiten zu genießen, die früher nur unseren Großvätern zustanden. Und sicherlich hat ein zweites Einkommen in der Partnerschaft auch Vorteile.

Mit den neuen Rollenbildern hat sich allerdings die Anspruchshaltung von Frauen gegenüber Männern geändert. Und genau damit tun sich Letztere oft noch schwer. Denn das „schwache" Geschlecht ist nun stark und unabhängig, also schwerer zu „stemmen". Was Frauen wollen wird für viele damit zum Mysterium, der Typus des zuverlässigen Familienversorgers hat scheinbar ausgedient. Ironischerweise akzeptieren die meisten Karrierefrauen jedoch niemanden, der in der gesellschaftlichen Hierarchie unter ihnen steht, zumindest nicht für eine langfristige Bindung (kleines Trostpflaster: diese stellt nicht mehr grundsätzlich das Maß der Dinge dar, aber darauf kommen wir noch zu sprechen). Da Schülerinnen heute in der Regel die fleißigeren Schüler sind, stellen Akademikerinnen bereits die Mehrheit an den Universitäten.[19] D.h. es gibt immer mehr gebildete (oder sich dafür haltende) Frauen, die ihresgleichen oder besser in der Männerwelt suchen, aber nicht finden.[20]

Da sich die Genderwissenschaft noch nicht mit dieser Ungleichheit befassen will, wird es für viele eher praktisch veranlagte „Männerdeckel" in absehbarer Zeit zu wenig „Töpfe" geben, zumindest in Deutschland. Wer diese Behauptungen für falsch oder übertrieben hält, der werfe nur einmal einen Blick auf die offizielle Statistik. Während bei Frauen der Anteil an Singles mit dem Einkommen steigt, verhält es sich bei Männern genau umgekehrt. Laut dem Wiener Evolutionsbiologen Karl Grammer hätten es Akademikerinnen ab 30 Jahren (neben arbeitslosen Männern) auf dem Partnermarkt am schwierigsten; allerdings läge dies an ihrer hohen Anspruchshaltung (und nicht an mangelnder Auswahl).[21] Denn wer denkt, die Emanzipation sei einfach noch nicht abgeschlossen und es wird eine Zeit kommen, in der liebevolle Hausmännchen Kuchen backen während Frauchen Karriere macht, den muss ich nun leider auf den Boden der Realität zurückholen. Denn Mutter Natur versteht euren Idealismus nicht, sie hat Grenzen für die Rollenverteilung der Geschlechter vorgegeben. Einen Wehmutstropfen habe ich für euch: Ideologien, welche sich über die einfachsten Zusammenhänge unseres Daseins stellen, gab es in der Geschichte häufig und sie waren stets von kurzer Dauer. „Historisch betrachtet" ist allerdings ein weiter Begriff und bedeutet, dass wir von Generationen sprechen, d.h. ihr solltet eure Gedanken nicht an etwas verschwenden, was ihr sicher nicht mehr erleben werdet.

## 3.2. Sorglos im Sozialstaat

Der ein oder andere unter euch stolzen Männern, konnte sich beim Lesen des vorangegangenen Kapitels ein bescheidenes Lächeln nicht verkneifen. Wie gut, dass ihr beruflich erfolgreich seid oder wenigstens studiert habt und nun aus den Vollen schöpfen könnt; aus einer Fülle an erfolgreichen Frauen, die ihres gleichen sucht und darum bettelt ein Teil eures Harems zu sein. Auch euch muss ich nun leider zurück auf den Boden der Tatsachen holen. Eine Frau hat keinen Anspruch, sondern Ansprüche und ihr erfüllt nur einen davon. Oft bleibt es auch dabei, weswegen ich sehr viele einsame Nerds kenne. Ihr mögt ein bodenständiger Mensch, der Liebling des Chefs oder ein genialer Wissenschaftler sein, sofern ihr nicht mehr als das bieten könnt, sind diese Vorzüge nur ein Tropfen auf den heißen Stein. Ihr mögt der Traum aller Schwiegereltern sein, ihre Töchter haben heute andere Träume. Was ihr bieten könnt und für was ihr einst geschätzt wurdet, ist Sicherheit. Mit euch an der Seite ist Frau und Kind versorgt, denn ihr seid das, was man klassisch als „guten Ernährer" bezeichnet[22]. Warum es euch heute so schwer fällt, mit diesen Qualitäten zu punkten, ist darin begründet, dass ihr euch einen mächtigen Konkurrenten geschaffen habt: den Sozialstaat.

Auch wenn er niemanden reich macht, garantiert er ein Mindestniveau an Wohlstand und vor allem Sicherheit. Es ist vor allem Letzteres, was den netten, vernünftigen und deswegen langweiligen Pantoffelhelden für Frauen heute so überflüssig macht. Wenn ihr euch zu dieser Kategorie Mann zählt, werdet ihr euch schon mehrmals gewundert haben, warum sich Frauen so gern bei irgendwelchen Angebern in einen meist noch auf Pump bezahlten Sportwagen setzen oder an der Bar im Fitnessstudio den Trainern sehnsüchtige Blicke zuwerfen, die nicht selten in einem sog. „One-night-stand" münden (d.h. unverbindlicher Sex bzw. etwas, dass ihr wahrscheinlich nur aus dem Fernsehen kennt). Keinen dieser Typen würdet ihr die Finanzierung eines familiengerechten Eigenheims zutrauen, trotzdem scheinen sie oft eine unwiderstehliche Anziehung auf das schöne Geschlecht auszuüben. Dieses Phänomen hat unterschiedliche Gründe, die in ihrer Gänze bewirken, dass Männern heute zunehmend Entertainer-Qualitäten abverlangt werden.

Das soll nicht heißen, dass die Eigenschaften des klassischen Ernährers nicht mehr gefragt sind, nur verlieren diese in einer Wohlstandsgesellschaft mit (relativ) geringer sozialer Ungleichheit deutlich an Wert. Diese These lässt sich durch zahlreiche Untersuchungen belegen, wie z. Bsp. durch eine Genderstudie aus Österreich und den USA, die Anfang 2015 innerhalb des „European Review of Social Psychology" veröffentlicht wurde und bei der man herausfand, dass Frauen in der Türkei doppelt so viel Wert auf das Gehalt ihres Mannes legten als in Deutschland.[23] Der ein oder andere wird an dieser Stelle einwerfen, dass Reichtum sehr wohl attraktiv mache und deswegen die Formel gelte, je höher das Einkommen desto besser. Das ist auch richtig, nur ist es in einem Sozialstaat mit (relativ) niedrigem Lohngefälle sehr schwer herauszustechen, zumindest als Lohnempfänger. Frauen verdienen heute ihr eigenes Geld und müssen auch sonst aufgrund der Sicherungssysteme im Wohlfahrtsstaat keine Armut fürchten, weswegen sie auf dich, als guten Versorger mit einem überdurchschnittlichen Arbeitnehmergehalt nicht zwingend angewiesen sind.

Reiche Menschen, und hier spreche ich von Personen mit einem deutlich überdurchschnittlichen Vermögen sind natürlich nach wie vor eine attraktive Wahl. Sie bieten mehr als ein bloßes Sicherheitsgefühl, allen voran Status und Luxus. Es darf aber auch hier niemand dem Irrglauben unterliegen, dass reiche Männer per se ein Frauenmagnet sind. Die Klatschblätter leben von den gescheiterten Love-Stories der High Society, welche nicht selten Anlass zur Vermutung geben, dass sich so manche edle Schönheit die Streicheleinheiten ihres wohlhabenden Gönners am Ende mit einer teuren Scheidung bezahlen lässt. Geld allein macht eben nur selten glücklich, schon gar nicht in einer Gesellschaft, in welcher es im Überfluss vorhanden ist. Sicherlich kann es nicht schaden über ein gutes Einkommen zu verfügen, gerade gebildete Frauen erwarten von ihren Interessenten einen gewissen Status als Grundvoraussetzung für das Eingehen einer festen Bindung (siehe Kapitel 3.1). Es bleibt aber nur ein Kriterium aus vielen, die dich als Mann für das andere Geschlecht attraktiv machen.

Im Vergleich zur Vergangenheit oder Ländern außerhalb der westlichen Hemisphäre hat das Thema Geld bei der Partnerwahl deutlich an Wert verloren. Von der Allgemeinheit wird dies als positiv erachtet, schließlich sollte Liebe nie käuflich sein; wir denken an den Gossenjungen Aladdin aus dem gleichnamigen Märchen von Walt Disney, der erst Prinz werden muss, damit er um die Gunst der Prinzessin Jasmin buhlen kann. Nur stellt sich die Frage, ob man Märchen dieser Art symbolisch – was das moralische Statement betrifft – auf unsere westliche Wohlstandsgesellschaft übertragen kann. Im heutigen Deutschland herrscht ein relativ hohes Maß an Chancengleichheit was das Sich-Erarbeiten von Vermögen betrifft. Man könnte die Rolle des Geldes bei der Partnerwahl in diesem Sinne dann auch positiv interpretieren, denn Frauen würden dadurch auch Männer schätzen, die fleißig und bodenständig sind, eben gute Ernährer. Verliert dieser Aspekt aber an Bedeutung, verliert auch der anständige Versorger an Attraktivität und ist im schlimmsten Fall „langweilig". Es zählen dann zunehmend Eigenschaften, die man(n) sich mitunter nicht erarbeiten kann, wie beispielsweise die Körpergröße. Ich will damit keine Gerechtigkeitsdebatte lostreten. Nur fallen mir im Alltag so viele Männer mit Ernährer-Qualitäten auf, die sich auf dem hiesigen Partnermarkt unter Wert verkaufen, während anderswo Frauen für sie Schlange stehen würden.

## 3.3. Sex Sells

Das Vorgängerkapitel handelte vom schwindenden Einfluss des Geldes und anderen Ernährer-Qualitäten auf das, was heute eine deutsche Frau dazu bewegt sich auf dich, lieber männlicher Leser, einzulassen. Die Antwort auf die Frage „wenn nicht das, was dann?" ist einfach und ihr erahnt sie sicher schon. Falls nicht geht in die Fußgängerzone einer größeren Stadt und seht euch die Pärchen, die dort herumschlendern einmal ganz genau an (aber nicht so genau, dass es für die Betroffenen gruselig wird). Beobachtet die männlichen Begleitungen der Frauen, die ihr als „heißer Feger" und „unerreichbar" bezeichnen würdet. Geht dann zu einem Spiegel und ihr werdet feststellen, dass sich diese von euch auf verschiedene Weise unterscheiden. Vielleicht sind sie größer als ihr es seid, besitzen einen kräftigeren Körperbau oder auch einfach mehr Haare auf dem Kopf. Mir geht es nicht darum hier irgendjemand zu beleidigen, sondern eine einfache Message zu übermitteln: Frauen legen heute auf das Aussehen eines Mannes viel mehr wert als früher und Wissenschaftler wie Madeleine Fugere von der Eastern Connecticut State University können das sogar empirisch belegen[24].

Gerade wer als männlicher Single auf einer Online-Dating Plattform registriert ist, dem schlägt diese Tatsache – sofern er keine ideologischen Scheuklappen aufhat – knallhart ins Gesicht. Außer natürlich er darf sich zu den kleinen, doch dafür umso glücklicheren Teil der Schönlinge und Muskelprotze zählen. Allein diesen widmen sich die Damen aus der Online-Welt, schließlich müssen sie aus der Flut an Flirtanfragen die passenden Kandidaten möglichst zeiteffizient herausfiltern. Dass die Mehrheit der (optischen) Durchschnittstypen bei Tinder und Co. in die Röhre guckt, ist leicht zu verstehen und durch Studien belegt[25].

Das alles, obwohl sich ein immer größerer Teil an Männern in den Fitnessstudios abrackert und dadurch die Umsatzzahlen der Branche durch die Decke schießen lässt. Der Selbstoptimierungswahn kennt keine Grenzen und macht auch vor Schönheitsoperationen keinen Halt. Es ist nur logisch, dass Letztere längst nicht mehr ein reines „Frauending" sind.[26] Dem vermeintlich starken Geschlecht steht heute die volle Bandbreite an chirurgischen Eingriffsmöglichkeiten zur Verfügung, welche dieses auch zunehmend nutzt (vom vollen Haar bis zur Peniskorrektur, es gibt nichts was es nicht gibt). Hier hat sich ein lukrativer Markt aufgetan, wo der

Rubel immer schneller rollt und den ich jedem angehenden Medizinstudenten wärmstens ans Herz legen kann.

Trotz der Vielzahl an Möglichkeiten, setzen uns unsere Gene natürlich Grenzen, ein kleiner Mann bleibt auch muskelbepackt ein kleiner Mann. Die Natur hat uns in dieser Hinsicht einer sehr großen Ungerechtigkeit ausgesetzt, wenn jeder mit anderen, unabänderlichen Grundvoraussetzungen durch die Welt geschickt wird. Wenn Männer heute gut aussehen müssen, aber beim besten Willen nicht können, dann haben sie in Liebesdingen ein echtes Problem. Und es bleibt die Frage, woher diese Erwartungshaltung kommt. Grundsätzlich gilt, Schönheit war schon immer wichtig, nur wird ihr heute im Vergleich zu anderen Qualitäten eine höhere Bedeutung beigemessen. Wie in den Vorgängerkapiteln erläutert, konnten Männer früher (sowie auch jetzt noch in den meisten Ländern außerhalb der westlichen Hemisphäre) ihre optischen Defizite durch Geld, Status oder anderweitige Versorger-Qualitäten besser kompensieren. Wenn Frauen sich aber emanzipieren und sich selbst diese Versorger-Qualitäten aneignen, dann verlieren Männer diese Möglichkeit. Von Letzteren werden im Umkehrschluss vermehrt „klassische" weibliche Qualitäten gefordert, wie Schönheit und guter Sex. Der Versorger mutiert zum Entertainer, im Extremfall zum Gigolo.

Unabhängig vom Wandel der Geschlechterrollen wird dem Thema Sex heute in Deutschland auch ganz allgemein eine viel größere Bedeutung beigemessen. Der Vibrator im Nachtischfach gehört zur Standardausrüstung vieler junger Frauen, genauso wie die körperbetonende Kleidung im Sommer und das Wissen, wie diese auf das andere Geschlecht wirkt. Die Last der sexuellen Aufklärung hat die Pornoindustrie den Eltern abgenommen, worauf letztere manchmal auch stolz zu sein scheinen, schließlich hat ihre Generation den „Muff von 1000 Jahren" kirchlicher Prüderie aus der Öffentlichkeit verdrängt. Von der Freiheit in Liebesdingen profitieren im modernen Deutschland aber scheinbar immer weniger Männer, die dafür umso öfter „zum Zug" kommen (für Zahlen und Statistiken zu diesem Thema siehe auch Kapitel 2). Wer dazugehören und nicht zur anwachsenden Gruppe der „Masturbierer" gehören will, muss im Bett liefern können, aber in einem ersten Schritt appetitanregend aussehen. Hinzu kommen gewisse charakterliche Merkmale die „an"- oder „abturnend" wirken. Der männliche Feminist ist in dieser Hinsicht ein Ladenhüter. Ironie des Schicksals könnte man sagen.

Sicherlich kann man(n) sich einige körperliche oder charakterliche Defizite abtrainieren, sei es im Fitnessstudio oder bei einem Dating-Guru. Die Natur setzt dem Selbstoptimierungswahn aber Grenzen und früher oder später kommt jeder an einem Punkt, an dem er sich so akzeptieren muss, wie er ist. Die Idee, dass er durch Letzteres ein wahres Selbstbewusstsein erlangen kann ist richtig; falsch ist jedoch, dass er damit automatisch zu einem Frauenmagnet wird. Dieses Privileg ist heute einer Minderheit vorbehalten, bei denen es die Natur von Grund auf gut gemeint hat. Geld und Status können Abhilfe schaffen, nur braucht es jetzt viel mehr davon als früher. Rechtfertigt der hohe Preis am Ende das was man(n) bekommt? Ihr werdet noch herausfinden, dass er es nicht tut.

## 3.4. Kampf den Konventionen

Wenn ich dich, lieber Leser, frage, wann du das letzte Mal einen Gottesdienst besucht hast, wirst du höchstwahrscheinlich verdutzt schauen und maximal mit "Weihnachten" antworten. Das ist auch nicht weiter schlimm und soll nur verdeutlichen, dass das moderne Deutschland ein weitgehend atheistisches Land ist. Das war nicht immer so, tatsächlich definierte die Religion bzw. das Christentum über Jahrhunderte das Rollenverhältnis von Mann und Frau mit dem Ideal der Monogamie. Letzteres mündete in dem, was wir heute als klassische Familie bezeichnen. Die 68er-Generation markierte einen markanten Wendepunkt in der Geschichte, es herrschen nun andere Wertvorstellungen und vieles was früher als heilig galt, wird heute mit Diskriminierung, aber auch Zwang und Langeweile verbunden. Wer die persönliche Freiheit schätzt, blickt zu Recht skeptisch in die Vergangenheit. Homosexualität, Abtreibungen oder die Patchwork-Familie, nichts davon wäre früher möglich gewesen (zumindest nicht ohne gesellschaftlich geächtet zu werden). Wie aber fast alles auf der Welt, hatte das alte Deutschland auch seine guten Seiten. Im Gegensatz zu legeren Partnerschaftsbeziehungen, wie sie heute zunehmend vorherrschen, gewährleistete das Ideal der Monogamie, dass am Ende fast jeder Deckel seinen Topf fand.

Viele kritisieren heute zu Recht, dass damals nicht jede Ehe eine glückliche war. Nur wird häufig außen vorgelassen, dass auch das Gegenteil der Fall war und solche Beziehungen mit einer natürlichen Selbstverständlichkeit so endeten, wie es in der Kirche versprochen wurde. Ich will damit nicht unterstellen, dass es heutzutage keine langlebigen Partnerschaften mehr gäbe. Nur wirkt es auf mich hin und wieder so, als ob so manche Liebesbeziehung aus purer Langeweile zerbricht. Und selbst dann würden mir die Betroffenen zu verstehen geben, dass Monogamie nun mal unnatürlich sei, schon die Steinzeitmenschen lebten polygam[27]. Was sie mir damit eigentlich sagen wollen, dass sie ihre „Freiheit" ohne Fesseln genießen wollen. Nun ist es aber so, dass religiöse Menschen von sich aus diese Form der Partnerschaftsbeziehung wählen, also durchaus frei handeln. Eigentlich hat sich ein solcher Mensch nur für eine bestimmte Lebensphilosophie entschieden, aber das hat der Atheist ebenso, nur dass Letzterer sich dessen nicht bewusst ist. Die Religion der Moderne gibt sich nicht als solche zu erkennen, doch ihr Einfluss ist allgegenwertig.

Der moderne Atheist, egal für wie frei oder einzigartig er sich hält, er ist gläubig im Sinne des Konsumenten. Shoppen wird zu dem, was früher der Gang in die Kirche war: Balsam für die Seele nach einem anstrengenden Arbeitstag. Frauen – um den Bogen zurück zum Thema zu spannen – nehmen in diesem System eine besondere Rolle ein, denn sie sind hervorragende Konsumenten. Schon 2004 wurden 90% aller Alltagsgüter von Frauen gekauft[28]. Es darf nicht außer Acht gelassen werden, dass viele Frauen auch als Mutter konsumieren, d.h. nicht nur für sich, sondern auch die ganze Familie einkaufen gehen. Nichtsdestotrotz tätigt die Werbeindustrie ihre höchsten Werbeausgaben für das weibliche Publikum. Da Harmonie kein Verlangen nach „mehr" erzeugt, schürt sie die Unzufriedenheit der Frauen mit: „wer schön sein will, kauft …". Mittlerweile hat sich diese Mentalität zum allgemeinen Zeitgeist gewandelt und betrifft alle Lebensbereiche. Partner werden zu Katalogwaren (beim Online-Dating ist das nicht mal mehr symbolisch gemeint), konsumiert und ausgetauscht. Wieso das Alte reparieren, wenn die Auswahl so groß ist (siehe auch nächstes Kapitel 3.5).

Abbildung 2: Wichtigkeit verschiedener Lebensaspekte für die Zufriedenheit einer deutschen Frau 2017 (in Anlehnung an [29])

Da es (außer dem vermeintlichen Individualismus) keine gesellschaftlichen Normen mehr gibt, hat auch der Traum von der Familie im idyllischen Eigenheim an Glanz verloren. Immer weniger Frauen wollen Kinder: in der Brigitte-Studie „Mein Leben, mein Job und ich" aus dem Jahr 2017 wird von den Teilnehmerinnen „finanzielle Unabhängigkeit" – und damit ist die Unabhängigkeit vom Mann als Versorger gemeint – als am Wichtigsten für die eigene Zufriedenheit im Leben erachtet[30] (siehe Abbildung 2). Selbstverwirklichung ist heute auf vielen Wegen möglich, auch ohne einen Ernährer an der Seite. Und sollten Frauen Kinder wollen,

50

können sie dies auch alleine tun, die Hürden zur künstlichen Befruchtung werden jährlich kleiner. Überhaupt ist Familie heute ein komplexer Begriff, der nicht nur die klassische Vater-Mutter-Kind Gemeinschaft umschreibt. Dass die Kirchen so manche gesellschaftliche Entwicklung nicht mittragen wollen, wird aus dieser Perspektive etwas verständlicher.

Und nein, mir geht es nicht darum die Leser zurück in die Kirchen zu locken und noch weniger will ich das Mittelalter schönreden. Nur ist die – in vielen Dingen auch berechtigte – Kritik an der Vergangenheit allgegenwertig und bekannt, ein Hinterfragen von dem, was wir heute als „normal" erachten, passiert seltener. In Bezug auf unser Verständnis von Liebe und Partnerschaft hat die Verdrängung der Religion durch die Moderne einen erheblichen Einfluss. Warum Frauen dich nicht glücklich machen können liegt manchmal auch daran, dass sie es, trotz der neu gewonnenen Freiheiten, selbst nicht sind. Ob Monogamie als sinngebend erachtet wird oder nicht, wird letztlich vom herrschenden Zeitgeist bestimmt. Niemand sollte meinen, von Letzterem unabhängig zu sein und sich für freier halten, als er es vielleicht ist. Inwieweit der Mensch über einen freien Willen verfügt, ist ein Thema, an dem sich nicht umsonst Philosophen aller Zeiten und Länder den Kopf zerbrochen haben (und auch heute noch zerbrechen). Legere Partnerschaftsbeziehungen wirken weniger einengend, bedeuten aber auf jeden Fall, dass immer weniger Männer „zum Schuss kommen". Vielleicht entdeckt der ein oder andere dann das Klosterleben für sich und wir beginnen wieder da, wo wir angefangen haben.

## 3.5. Migration und Männerüberschuss

Im letzten Sommer stieß ich im Wartezimmer beim Hausarzt auf einen Artikel im Spiegel, der von „Dr. Love" in China handelte, einem dort wohl sehr erfolgreich praktizierenden Dating-Guru[31]. Ich las von Massen (und in Asien sind Massen wirklich Massen) verzweifelter Single-Männern, die in ihrem Leben noch nie eine Frau berührt haben (Mama mal ausgenommen). Überhaupt erinnerte mich sehr vieles in diesem Artikel an Deutschland und ich fragte mich, welche Parallelen man zu den Verhältnissen in China ziehen könne. Unter anderem las ich auch vom gravierenden Männerüberschuss, der dort vorherrschte, eine Folge der desaströsen Ein-Kind-Politik, mit der man vor langer Zeit Hungersnöte verhindern und das Wirtschaftswachstum antreiben wollte. Die demographische Entwicklung Chinas hat es in sich, heute bedeutet dieser Männerüberschuss eine Zahl von 37 Millionen, der sich noch dazu in den heiratsfähigen Altersgruppen am größten beziffern lässt[32]. Von Sex-Robotern bis zur gewaltsamen Verschleppung von Frauen aus den

Nachbarstaaten, die Tragweite dieses gesellschaftlichen Ungleichgewichts ist enorm und mitunter tragisch.

Auch in Deutschland hat das Thema Männerüberschuss im Zuge der Flüchtlingskrise 2015 an Bedeutung gewonnen. Da Deutschland einen Großteil der in Europa gelandeten Migranten aufgenommen hat und, so wie die politischen Dinge stehen, auch in Zukunft aufnehmen wird, stellt sich die berechtigte Frage, wie sich dies auf die Zusammensetzung der Bevölkerung auswirken wird.

Sehen wir uns aber zunächst die Ausgangslage an. Laut dem statistischen Bundesamt leben aktuell in Deutschland rund 41 Millionen Männer und 42 Millionen Frauen.[33] Es scheint also keinen Grund zur Beunruhigung zu geben, eher kann man aufgrund der Zahlen von einem statistischen Vorteil der Männer sprechen. Natürlich geht diese Milchmädchenrechnung nicht auf, es sei denn, man(n) ist bereits im Ruhestand und darf sich über die geringere Lebenserwartung des eigenen Geschlechts freuen (tatsächliche haben Rentner im Gegensatz zu Rentnerinnen einen Marktvorteil bei der Brautschau, zumindest wenn sie ihrer Altersgruppe treu bleiben).

Um der Realität etwas näher zu kommen, müssen wir die Zahlen im Detail betrachten, und zwar nach

Raum und Zeit, wie der Physiker sagen würde. Speziell in der Flüchtlingskrise waren es beispielsweise v.a. junge Männer die Asyl suchten bzw. einwanderten, also betrifft dieser Effekt nur einen Teil der deutschen Alterspyramide. Auch das „wo" ist entscheidend; so zieht es immer mehr junge Frauen zum Studieren in die Städte (siehe auch Kapitel 3.1), weswegen in ländlichen Gegenden häufig ein enormer Männerüberschuss vorherrscht. Der ein oder andere kennt die Doku-Soap „Bauer sucht Frau" aus dem Fernsehen und wie alles auf der Welt, gibt es auch dieses fragwürdige Unterhaltungsformat nicht ohne Grund[34]. Über das Geschlechterverhältnis lässt sich also nicht per se eine allgemeine Aussage treffen; um es für deine Region zu ermitteln, muss ich dich, lieber Leser, auf deine örtlichen Behörden verweisen, die sicherlich Zahlen parat haben. Ich kann jedem Single-Mann auch nur empfehlen sich diesbezüglich zu informieren, denn gerade in ländlichen Regionen, ins besonders in Ostdeutschland, sind die Verhältnisse erschreckend (siehe Abbildung 3).

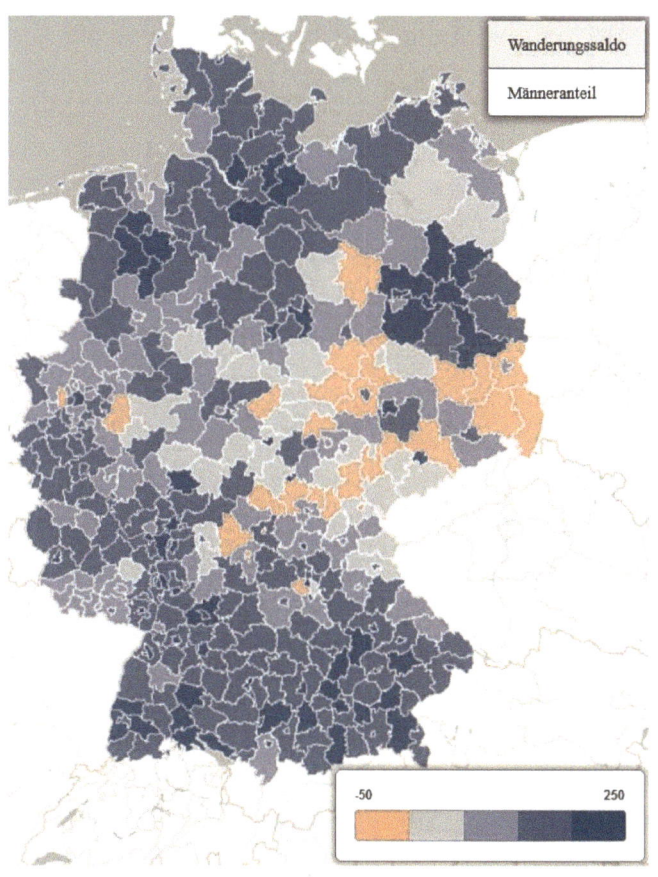

**Abbildung 3: Geschlechterverteilung in Deutschland; blaue Regionen bedeuten Männerüberschuss**[35]

Kommen wir also zum leidigen Thema Migration, was ich mir normalerweise sparen würde, wenn deren jüngstes Ausmaß nicht so enorm wäre. Seit dem Ausbruch der Flüchtlingskrise im Frühjahr

2015 sind bis Ende 2017 1,36 Mio. Asylanträge in Deutschland gestellt worden. Im Vergleich dazu waren es in den drei Jahren zuvor nur 0,35 Mio., d.h. um knapp das Vierfache weniger.[36] Da die Begriffe „Asylant" und „Migrant" in Deutschland wie Synonyme behandelt werden, ist es auch in der Praxis so, dass Erstere am Ende auch tatsächlich Letzteres sind und die genannten Zahlen damit zur bestehenden Bevölkerungsstatistik hinzuaddiert werden können[37] (Begrifflichkeiten wie „Anerkannte Flüchtlinge", „Geduldete" oder „Personen mit Aufenthaltsstatus" kämme ich deswegen der Einfachheit halber ebenso über einen Kamm[38]). Tut man dies, zeichnet sich beim Geschlechterverhältnis der „heiratsfähigen" Altersklasse – wir beschränken diese auf ein Alter von 18 bis 30 Jahren – ein düsteres Bild ab. Denn der größte Teil (ca. 40%[39]) der aufgenommenen Asylanten fällt genau in diese Altersgruppe. Das bedeutet konkret 508253 Menschen, von denen wiederum 381943 Männer sind.[40] Unter den jungen Flüchtlingen herrscht somit ein deutlicher Männerüberschuss von 75%, der sinnbildlich eine Stadt der Größe Bochums (ca. 360000 Einwohner[41]) füllen könnte. Um nun herauszufinden, wie sich diese Zahlen auf die Zusammensetzung der Gesamtbevölkerung auswirken, muss zunächst als Ausgangspunkt das Jahr 2014 herangezogen werden. Zu diesem Zeitpunkt lebten 5,857 Mio. Männer und 5,537 Mio. Frauen im Alter von 18 bis 30 Jahren in Deutschland.[42] Addiert man zu diesen Zahlen nun eine halbe Million Asylbewerber mit einem Männeranteil von 75% dann hat sich der Männerüberschuss Ende 2017 im Vergleich zum Jahr 2014 von 320000 auf 575600 Männer fast verdoppelt.

Den meisten ist nicht klar, welchen gesellschaftlichen Sprengstoff diese Zahlen mit sich bringen. Mit steigendem Männerüberschuss steigt die Anzahl von Männern, die "leer ausgehen" und damit unzufrieden sein werden. Nicht jeder wird gleich zu einem Neonazi oder Islamisten (ja auch muslimische Männer leiden selbstverständlich unter einem Männerüberschuss) mutieren, aber das Risiko einer Radikalisierung steigt natürlich. Ein Männerüberschuss bedeutet letztendlich, dass nicht jeder Deckel seinen Topf finden kann, und zwar grundsätzlich. Das sind heute nach den obigen Zahlen mehr als eine halbe Million Männer in Deutschland (allein in der „heiratsfähigen" Altersklasse).

Stell dir vor, dass du, lieber männlicher Leser, mit deinem besten Kumpel auf einer Insel lebst, auf der auch eine Frau wohnt. Es versteht sich von selbst, dass zwischen euch früher oder später ein heftiger Konkurrenzkampf ausbrechen wird, während sich eure Herzensdame gemütlich zurücklehnen und wählen kann. Das gilt auch dann noch, wenn auf der Insel ein Geschlechterverhältnis von 10:9 oder auch 20:19 vorherrschen würde. In beiden Fällen muss sich eine Seite eher abrackern, während die andere eher „Ansprüche" haben darf. Wer ein Fan des sportlichen Wettbewerbs ist, dem kann ich nur sagen, dass er sich seinen Stolz besser für sinnvollere Dinge aufheben soll. Zum einen ist es kein fairer Wettkampf (das wäre er nur, wenn das Geschlechterverhältnis 1:1 und jeder mit den gleichen genetischen Grundvoraussetzungen geboren wäre), zum anderen – und das ist den meisten nicht klar – bekommt man(n) auch weniger für seine Mühen. Da sich die eine Seite mehr beweisen muss, kann sich die andere eher gehen lassen und dabei sogar anspruchsvoll sein. Es fällt ihr auch viel leichter sich aus einer Partnerschaft zu lösen, da sie ja immer die Auswahl hat (es gibt eine statistische Tendenz in Deutschland, von wem die Trennung üblicherweise ausgeht[43]).

Abschließend möchte ich noch kulturelle Faktoren erwähnen, die in den absoluten Zahlen des Geschlechterverhältnisses nicht zum Ausdruck kommen. So leben in Deutschland z. Bsp. zwischen 5,3 und 5,6 Mio. muslimische Menschen (Stand 31. Dezember 2020[44]), darunter viele Frauen mit einem starken Traditionsbewusstsein, die eine Partnerschaft mit einem Mann außerhalb ihres Kulturkreises ablehnen. Es sollte auch niemand so arrogant oder naiv sein und denken, dass „Flüchtlinge" auf dem Partnermarkt keine Konkurrenz darstellen, da diese ja „nicht gebildet" usw. wären[45]. Sie finden durchaus bei den Frauen Zuspruch[46] („die exotischen Früchte schmecken am besten"[47]). Das warum erklärt sich recht einfach und ich hoffe ich habe das in den vergangenen Kapiteln ausreichend getan: Der Versorger verliert an Reiz. Alles in allem bedeutet Männerüberschuss ein sehr angenehmes Marktumfeld für Frauen (solange demokratische Verhältnisse vorherrschen und das starke Geschlecht seine Mehrheit nicht als Machtfaktor wahrnimmt). Für Männer verhält es sich umgekehrt, weswegen ich dir, lieber männlicher Leser, nur empfehlen kann, auch eine Brautschau im Ausland zu überdenken. Deutschland ist keine Insel und das ist auch gut so.

## 3.6. Die Macht der Medien

Die letzten beiden Kapitel handeln von dem, was in der MGTOW-Philosophie (siehe Kapitel 2.1) als „gynozentrisches Weltbild" bezeichnet wird. In diesem Sinne soll es zunächst um die Medienlandschaft in Deutschland gehen, als vermeintliches Sprachrohr einer „feministischen Agenda" und inwieweit diese überhaupt existiert. Die Rollenbilder haben sich seit den 60er Jahren massiv gewandelt, wesentlicher Auslöser dieser gesellschaftlichen Umwälzung war die Hippie-Bewegung bzw. ihr deutsches Pendant, die 68er-Studentenproteste. Abseits der offiziellen Meinung, waren sicherlich auch das deutsche Wirtschaftswunder und die allgemeine Zunahme von Wohlstand, einhergehend mit dem Niedergang von Religion und Tradition, ausschlaggebend für neue, nicht-materielle Bedürfnisse. Nach dem Motto „zuerst das Fressen, dann die Moral" gelangten die klassischen Ideale der französischen Revolution, d.h. Freiheit, Gleichheit und Brüderlichkeit, plötzlich zu nie dagewesener Bedeutung.

In diesem Zusammenhang geriet auch das Thema Frauenrechte in den Vordergrund. Nur wenige würden bei den damaligen Umständen von einer „feministischen Agenda" denken. Die Geschlechter waren zu diesem Zeitpunkt vor dem Gesetz nicht gleichberechtigt, dagegen zu protestieren war also durchaus legitim (zumindest nach meinem Gerechtigkeitsverständnis). Das was wir heute unter „Feminismus" verstehen, geht allerdings noch einen gehörigen Schritt weiter, fordert faktische Gleichheit statt Chancengleichheit und polarisiert damit die Gesellschaft, da sich die neuen Ideale nicht unbedingt mit dem decken, was viele Menschen als „gerecht" empfinden. Nichtsdestotrotz fühlt es sich so an, als gäbe es von höherer Instanz einen Druck auf die öffentliche Meinung, diese neuen Ideale zu verinnerlichen. In diesem Sinne denken viele dann von einer „feministischen Agenda", auch wenn sie diesen Kampfbegriff vielleicht so nicht unterschreiben würden. Es stellt sich die Frage, wer die

Sinngeber hinter dem neuen Gerechtigkeitsbegriff sind. Früher waren Frauenrechtler/innen Protestanten, Revoluzzer im eigentlichen Sinn, die den vorherrschenden Status Quo kritisch hinterfragten. Heute wirkt es eher so, als wären diese Ideale von einer höheren Instanz verordnet. Das ist gar nicht weiter ungewöhnlich, denn so war es über Jahrhunderte die Religion, die definiert hatte, was in der Gesellschaft als „richtig" und „falsch" zu empfinden war. Im modernen Deutschland sind die Kirchen leer, die Menschen Atheisten. Die Rolle des Sinngebers fällt damit zunehmend einer anderen Instanz zu: den Medien.

Es war und ist damit auch deren Aufgabe, das Ideal der emanzipierten Frau in der Gesellschaft zu „selbstverständlichen". Das kann nur geschehen, wenn im Gegenzug die klassische Hausfrau zum Anti-Ideal verklärt wird. In der zugehörigen Argumentationskette wird die Familie zum Gefängnis und der Ehemann zum Unterdrücker (überspitzt formuliert, wenn auch gängige Denkweise einiger Feministen). Frauen können ihr Glück demnach nur in der „Freiheit" und damit der Unabhängigkeit (vom Mann) finden, was praktisch bedeutet, dass sie auf ihre berufliche Karriere den höchsten Stellenwert legen sollten. Die Rolle des Mannes in dieser Logik ist also eine negative, im schlimmsten Fall die eines Tieres, welches seine animalischen Instinkte nicht unter Kontrolle hat. Allein aus die-

ser Perspektive wird die Forderung nach Schutzräumen wie z. Bsp. Frauenparkplätze verständlich.
Hier wurde ein schwarzweißes Weltbild geschaffen, in dem das eine Geschlecht die Täter- und das
andere die Opfer-Rolle innehat. Der Zweck heiligt
die Mittel, schließlich sind die alten Strukturen
starr und müssen überwunden werden. Allerdings
solltest du, lieber männlicher Leser, dir deswegen
gut überlegen, wie und ob du eine Frau überhaupt
ansprechen darfst; es könnte sein, dass sie dir sexuelle Belästigung unterstellt[48]. In diesem Sinne wäre
das ideale Verhalten eines Mannes, nirgends anzu-
ecken, d.h. immer „politisch korrekt" zu sein, um
sich so das Vertrauen und damit die Zuneigung der
Frauen zu sichern. Wer jetzt aber denkt, dass es
heute die Verständnisvollen sind, von denen die
Frauen heimlich träumen, den muss ich leider eines
Besseren belehren. Tatsächlich sind es „Alpha-
Softies", die auf dem Partnermarkt gefragt sind.
Das Problem ist nur, dass dir niemand erklären
können wird, was das sein soll und so gibt es immer mehr Männer, die für den Umgang mit Frauen
eine Betriebsanleitung benötigen und immer mehr
Pick-Up Gurus, die dir in dieser Hinsicht helfen
wollen.

Um also zurück auf die Eingangsfrage zu kommen,
gibt es eine „feministische Gesinnungsdiktatur" in
Deutschland? Es gibt zumindest so etwas wie einen
Zeitgeist, der einen Frauentyp heroisiert, der stark

und unabhängig ist. Gleichberechtigung ist das Thema der Stunde, so heißt es von offizieller Seite. Leider erfolgt diese in der Praxis meist nach dem Motto „was Männer können, können Frauen schon lange". Bleibt der Erfolg aus und die Natur der Dinge setzt sich durch, wird durch planwirtschaftliche Maßnahmen nachgeholfen[49]. Die „Quote" wird wichtig, zumindest in gut bezahlten Jobs. Und so hat so manche Maschinenbau-Firma heute ein echtes Image-Problem. „Diversity", „Gender Pay Gap" und natürlich die „Quote" sind die Parolen, mit denen die Medien zum sinnbefreiten Geschlechterkampf aufrufen. Also ja, es gibt heute durchaus Erscheinungen, die etwas über das Ziel der Ursprungsdefinition von Frauenrechten hinausschießen. Und falls du, lieber männlicher Leser, denken solltest, dass „die Medien doch sowieso niemand ernst nimmt", dann muss ich dich leider eines Besseren belehren. Sie werden nicht umsonst als vierte Macht im Staat bezeichnet, schließlich definieren sie, was der gemeine Durchschnittsmensch als „wahr" erachtet. Das bedeutet z. Bsp., dass nicht jede deutsche Frau eine „Emanze" ist, aber alle mehr oder weniger von diesem Ideal geprägt sind.

Das von den Medien vorgeschriebene Rollenbild der starken und unabhängigen Karrierefrau widerspricht sich in der Praxis freilich oft mit dem naturgegebenen Wunsch nach Kindern. „Was Frauen wollen" wird damit nicht nur zum Mysterium für den Mann, sondern oft auch für die Frauen selbst. Es versteht sich von selbst, dass unter solchen Grundvoraussetzungen keine gesunde Partnerschaft möglich ist. Politik und Medien haben das Problem erkannt und fördern deswegen die Akzeptanz der Co-Elternschaft, sowie von Patchwork- oder Alleinerziehenden-„Familien" in der Bevölkerung. Wenn das deutsche Rentensystem vor dem Kollaps steht, ist anscheinend jedes Mittel recht, um der schwächelnden Geburtenrate neues Leben einzuhauchen. Wie es den Kindern bei diesen gesellschaftlichen Experimenten ergeht, scheint keiner Rede wert zu sein, auch sie haben sich dem „progressiven" Zeitgeist anzupassen.

Übrigens bleibst auch du, lieber männlicher Leser, von Letzterem nicht unberührt: wenn Frauen heute mehr wie Männer sein sollen, dann gilt das auch umgekehrt für dich als Mann. D.h. du solltest eine multiple Persönlichkeit aufweisen, eine Art Macho-Weichei Kombination, bestehend aus einer starken Schulter zum Anlehnen und vielen Tränen, wenn es denn nötig sein sollte. Grundsätzlich, und das meine ich aufrichtig, ist es nur gut, dass Männer heute auch über ihre Gefühle reden dürfen (alles in sich rein fressen kann auf Dauer nicht gesund sein). Das Problem ist nur, dass du es wahrscheinlich genau in dem Moment machst, an dem so ein Verhalten aus Frauensicht unangebracht ist. Die Liste der Ansprüche ist lang und die Medien arbeiten schon daran, dass sie noch länger wird. Bevor du dir ein paar Leidgenossen im Internet suchst und auf eine zum Scheitern verurteilte Revolution gegen den herrschenden Zeitgeist hoffst, solltest du lieber Aufhören, das Land, in dem du lebst als eine Insel zu betrachten. Es gibt noch eine andere, dir bisher unbekannte Welt und in der gibt es auch Frauen, die dich so akzeptieren, wie du bist. Wo ist der Haken? Du wirst nicht drum herumkommen, den Teil deiner Persönlichkeit, der dir vom „System" über all die Jahre antrainiert wurde, wie ein Stück nutzlose Haut abzustreifen[50].

## 3.7. Politik und ihre Paragraphen

Das Vorgängerkapitel handelte von den Medien und wie diese den Zeitgeist des modernen Deutschlands in Bezug auf das Rollenverständnis der Geschlechter prägen. Dabei wurde unterstellt, dass dieser Zeitgeist männerdiffamierende bzw. frauenidealisierende Tendenzen aufweist, welche es den „Deckeln" zunehmend schwerer macht ihren „Topf" zu finden (das gilt für beide Geschlechter, wenn auch aus unterschiedlichen Gründen). Natürlich kann der kritische Leser nun einwerfen, dass es sich hierbei v.a. um „gefühlte Wahrheiten" oder „diffuse Ängste" meinerseits handelt. Und natürlich ist es subjektiv, ob ein Zeitungsartikel im speziellen oder die Medien im Allgemeinen als „männerdiffamierend" empfunden werden[51]. Ich möchte in diesem letzten Kapitel deswegen auf neuzeitliche Gesetze, Regelungen oder anderweitige politische Maßnahmen eingehen, deren Existenz eindeutig, d.h. ohne Interpretationsspielraum, beweist, dass diese „gefühlte" Diskriminierung auch tatsächlich vorherrscht. Dass sie von einem Großteil der Deutschen nicht als solche wahrgenommen wird, zeigt leider, wie stark Medien unser Moralverständnis beeinflussen können.

Als ich vor nicht allzu langer Zeit bei einem deutschen Großkonzern das Arbeiten angefangen habe, ist mir aufgefallen, dass dort die besten Parkplätze mit einem „F" markiert sind. Da ich mir dessen Bedeutung nicht bewusst war, freute ich mich immer über den gutgelegenen – meist freien – Abstellplatz für mein Auto. Irgendwann erklärte mir eine Kollegin dann mit hochrotem Kopf, dass es sich dabei um sog. „Frauenparkplätze" handelte, d.h. auf denen ich eig. nichts zu suchen hätte. Ich fragte, ob sie damit schwangere, angehende Mütter meinte (denn dafür hätte ich durchaus noch Verständnis), doch sie verneinte dies und warf mir stattdessen einen Blick zu, der wohl „Was für ein Hinterwäldler" sagen wollte. Neugierig wie ich bin, sprach ich auch meine männlichen Kollegen auf das Thema an. Anstatt eine ehrliche Antwort zu erhalten, bekam ich aber nur ein paar nervöse Witze über das weibliche Einparkverhalten zu hören

(„Frauenparkplätze sind halt größer"). Immerhin fand ich ein bis zwei Kollegen, welche – natürlich leise, in Abwesenheit der Gruppe – die Verhältnisse auf dem Großparkplatz offen in Frage stellten. Meine Kollegin gab mir zu verstehen, dass es bei Frauenparkplätzen nicht um Privilegien, sondern um das Einrichten von Schutzräumen für das „schwache" Geschlecht ginge. Wieso das auf dem Firmengelände nötig sein soll, konnte sie mir nicht beantworten. Und selbst wenn dem so sei, also es so etwas wie eine tatsächliche Bedrohung gäbe, wären dann nicht auch Seniorenparkplätze sinnvoll? Oder traut man dem zittrigen Opa mit dem Krückstock zu, Letzteren im Ernstfall als Schlagstock einzusetzen? Ähnlich sinnbefreit fällt auch das offizielle Statement des Bundesjustizministeriums zum Thema aus. Dieses begründet Frauenparkplätze dadurch, dass Frauen häufiger als Männer Opfer von Straftaten gegen die sexuelle Selbstbestimmung sein würden.[52] Eine unterschiedliche Behandlung des Geschlechts sei demnach zulässig, auch wenn eine tatsächliche Bedrohungslage nicht vorliegt. Nach dieser Logik könnte aber genauso die „Rente mit 62" nur für Männer gerechtfertigt werden, da diese statistisch eine geringere Lebenserwartung von rund 5 Jahren aufweisen[53] usw. usf. Etwas ehrlicher sieht es deswegen die Genderwissenschaft, welche bessere Parkplätze für Frauen auch darin begründet, dass diese dadurch kürzere

Wege zurückzulegen hätten, was ihnen ein besseres Zeitmanagement ermöglicht[54].

Gerecht ist also, was Frauen fördert. Vielleicht teilt das Familiengericht deswegen auch nur in weniger als 10% der Fälle das Sorgerecht den Vätern zu.[55] Dass Väter aufgrund solcher Entscheidungen ihre Kinder häufig über Monate nicht sehen dürfen und daran nicht selten mental zerbrechen scheint wohl keiner Rede wert zu sein (genauso wie die Tatsache, dass 63% aller Selbstmorde im Jugendalter von vaterlosen Jugendlichen begangen werden[56]). Während sich Frauen in Schieflagen auf eine Vielzahl staatlicher Förderprogramme verlassen können, gibt es diese in derartiger Form für Männer nur selten. Und das, obwohl Männer im Durchschnitt früher sterben oder auch eine dreimal so hohe Suizidrate aufweisen[57]. Im Schwarz-Weiß-Bild der Genderideologie sind derlei Details unwichtig, da die Opfer und Täter Rolle von vornherein festgelegt ist. Wenn der Gerechtigkeitssensor bis hierhin nicht ausschlagen wollte (was bei der Dauerbeschallung durch die Medien kein Wunder wäre), sollte er es im Folgenden tun.

Als ich vor wenigen Jahren noch auf Arbeitssuche war, sind mir in den Stellenanzeigen oft folgende Formulierungen aufgefallen: „Bei gleicher Qualifikation werden Frauen bevorzugt" oder „Männliche Bewerber werden erst wieder zugelassen, wenn die

Frauenquote erfüllt ist". Kritisch wie ich bin, habe ich wieder bei meinen Mitmenschen nachgefragt, was denn davon zu halten sei. Und ja, es gibt Licht am Ende des Tunnels, denn die Antworten fielen nun um einiges skeptischer aus als beim Parkplatz-Thema. Befürworter der Quote fanden sich, wie erwartet, nur unter den weiblichen Befragten, wobei selbst diese derartige Regelungen oft als unsinnig und manchmal auch als ungerecht empfanden. Die Verteidiger dieses neuen Hypes aus der Genderwissenschaft verwiesen auf die Unterpräsenz von Frauen in den besser bezahlten Berufen der Privatwirtschaft. Um dem entgegenzuwirken seien Zwangsmaßnahmen legitim die dieses Ungleichgewicht beheben (zumindest dort, wo es eben gutes Geld zu verdienen gibt und die Arbeit nicht allzu schmutzig ist, der Männerüberschuss auf dem Bau ist z. Bsp. keiner öffentlichen Diskussion wert). Aus diesem Grund wurde im März 2015 von der deutschen Politik die Frauenquote beschlossen, die nach längerem Hin- und Her schließlich „nur" für die Aufsichtsräte der großen DAX-Konzerne vorgeschrieben wurde. Wenn man bedenkt, dass solche Regelungen ursprünglich ganz allgemein, also für sämtliche Berufsgruppen, v.a. auch für die IT- oder Ingenieursbranche angedacht waren (da eben klassische Männerdomänen), dann wird einem die Tragweite des Wahnsinns unmittelbar bewusst (sofern man kein Poster von Karl Marx im Zimmer hängen hat). Vielleicht sollte sich die Genderwissenschaft mal besser mit folgendem Phänomen befassen: Nur 15% der Gründer in der deutschen Startup-Szene sind weiblich[58]. Unternehmensgründungen (was nebenbei auch nicht-technische Branchen betrifft, ein junges Beispiel wäre der Essenslieferant „Delivery Hero") bleiben vorrangig „Männersache". Niemand mit gesundem Menschenverstand (die Gender-„Wissenschaft" ausgenommen) würde hier von einer Ungerechtigkeit sprechen, da es ja jedem frei steht unternehmerisch aktiv zu werden. Das könnten auch Frauen, nur tun sie es nicht oder zumindest nicht in dem Ausmaß wie es Männer tun. Sie müssen es auch nicht, nur ist es ziemlich heuchlerisch zu behaupten, hier seien „alte weiße Männer" am Werk[59], die das „schwache" Geschlecht in ihrer beruflichen Entwicklung einschränken. Vielleicht ist es aber auch einfach leichter, das Risiko dem Gründer zu überlassen und sich erst dann ein Stück vom Kuchen zu holen bzw. von Frauenquoten zu sprechen, wenn das Unternehmen auch Fuß fassen kann.

Unabhängig der Tatsache, dass die Auswahl von Bewerbern anhand des Geschlechts und nicht ihrer Kompetenz desaströse Auswirkungen auf den Wirtschaftsstandort Deutschland hätte (weswegen die Frauenquote auch v.a. nur im öffentlichen Dienst Anwendung findet, d.h. wo sie weniger Schaden anrichten kann), ist diese Vorgehensweise hochgradig ungerecht und diskriminierend. Man stelle sich den medialen Aufschrei vor, wenn in den Stellenanzeigen „bei gleicher Eignung werden ethnische Deutsche bevorzugt" stehen würde (und der Aufschrei wäre genauso groß, wenn man „ethnische Deutsche" durch „Männer" ersetzt). Unabhängig vom Imageschaden für eine solche Firma, würde ein gesellschaftlicher Diskurs losgetreten, der die Leitmedien für einen vollen Monat beschäftigen würde. Bei der Frauenquote scheint es umgekehrt zu sein und Diversität eine moralische Errungenschaft, derer jedes Unternehmen (und der Staat als „Vorbildfunktion" sowieso) gerecht werden sollte. Und falls Vielfalt moralisch höherwertiger als Chancengleichheit sein soll, warum gibt es keine Männerquote in gut bezahlten Berufen, die eher von Frauen ausgeübt werden (z. Bsp. Lehrer[60], Ärzte[61], etc.)?

Leben wir also doch in einem System, dass sich die gynozentrische Weltordnung zum Ziel gesetzt hat? Belassen wir es dabei, dass der Feminismus den Boden unter seinen Füßen verloren hat und inzwischen weit über seine einstigen Ideale oder wenigstens dem, was man vor 30 Jahren unter Gleichberechtigung verstanden hätte (nämlich Gleichberechtigung und nicht Gleichheit), „hinausschießt".

Was hat das ganze nun mit den Thema Dating, Liebe und Partnerschaft zu tun? Du, lieber männlicher Leser, kannst, wie es viele deiner Artgenossen tun, einfach über diese gesellschaftlichen Trends hinweglächeln in der vermeintlichen Gewissheit, dass dieser Zirkus am Ende ja dann doch keinen praktischen Einfluss auf dein Leben habe. Den hat er aber, wenn auch indirekt, durch seine Signalwirkung. Dass iranischen Frauen bei der Fußball Weltmeisterschaft 2018 zum ersten Mal seit 40 Jahren das Betreten eines Fußballstadions gestattet wurde[62], mag einen Großteil der iranischen Bevölkerung nicht direkt betreffen, doch wird dennoch (zu Recht) gefeiert, da darin ein Symbol für den Niedergang von Ungleichberechtigung gesehen wird. Dass Männer im arabischen Raum Privilegien genießen, prägt selbstverständlich auch deren Selbstwertgefühl. Aus diesem Grund werden arabische Männer hierzulande oft als Machos wahrgenommen. Anstatt aber immer nur den Islam zu kritisieren, solltest du, lieber männlicher Leser, dir besser Gedanken machen, wie sich privilegierte Parkplätze und ähnliches auf die Mentalität deiner weiblichen Geschlechtsgenossen auswirken könnten. Hier wird eine Generation von Narzisstinnen herangezüchtet, die dir irgendwann über den Kopf wächst. Selbst wenn du es schaffen solltest, sie in eine Beziehung zu zwängen, wird dich das nicht unbedingt glücklich machen, aber mit hoher Wahrscheinlichkeit zu einem asexuellen Pantoffelhelden. Wenn das dein Ziel sein sollte, nur zu, ansonsten kann ich dir zeigen, wie du das System mit seinen eigenen Waffen schlägst.

## 3.8. Resümee

In den vorangegangenen Kapiteln habe ich versucht, einzelne Aspekte des modernen Deutschlands auszumachen, die in ihrer Gesamtheit bewirken, dass Frauen heute im Vergleich zu „früher" von vielen Männern als zu anspruchsvoll, schwerer zu „stemmen" oder gar beziehungsunfähig wahrgenommen werden. Abstrakt gesprochen habe ich ein Marktumfeld beschrieben, dass sich für viele Vertreter des einstmals starken Geschlechts zum Nachteil entwickelt hat. Wenn viele verlieren, bedeutet das aber auch, dass ein paar wenige überproportional von den neuen Rahmenbedingungen profitieren. Denn die höheren Ansprüche der Frauen wirken wie ein Filter, an dem zwar ein Großteil der Männerschaft scheitert, der glückliche Rest allerdings eine umso größere Auswahl hat. D.h. konkret, dass wenige Männer mehr und mehr Männer weniger Sex haben als „früher" (siehe Kapitel 2). Gemeint sind Männer, die nicht nur wegen ihrer Versorger- sondern v.a. wegen ihrer Entertainer-Qualitäten geschätzt werden.

Das ist nur konsequent, da das einstmals schwache Geschlecht nun selbst Karriere macht und sich deswegen durchaus ohne fremde Hilfe „ernähren" kann (Kapitel 3.1). Es versteht sich von selbst, dass sie für die ganze Arbeit auch etwas mehr Spaß im Leben fordert (Kapitel 3.3). Unabhängig davon ist die Gefahr von Armut[63] betroffen zu werden in einem Sozialstaat relativ gering (Kapitel 3.2). Auf dem Partnermarkt besteht somit kein Grund zur Eile, der Traumprinz kommt bestimmt und die Auswahl ist groß (Kapitel 3.5). Und auch sonst besteht keine Notwendigkeit sich in eine langweilige Beziehung zu zwängen, denn Monogamie ist „sowas von gestern" (Kapitel 3.4). Der Fernseher hat gesagt, dass Papas austauschbar sind und Kinder an jeder Lebensveränderung wachsen können; der Trend zur Patchwork-Familie zeigt nur, dass sich die Gesellschaft weiterentwickelt (Kapitel 3.6). Von den alten Fesseln sind wird also los: Frauen an die Macht (Kapitel 3.7)!

Nun mal Butter bei die Fische, lieber (männlicher) Leser, fühlst du dich in einigen Punkten bestätigt? Dann willst du wahrscheinlich wissen, was aus der ganzen Theorie für die Praxis zu folgern wäre. Also konkret, was solltest du, als (heterosexueller) Durchschnittsmann in Deutschland, tun, um in Liebesdingen maximales Glück zu erfahren? Du könntest natürlich weiter das tun, was du schon immer gemacht hast und dich von Date zu Date angeln, in der Hoffnung, dass irgendwann „eine hängen bleibt". Sofern du vorher keinen großen Erfolg bei Frauen hattest, kann ich dir aber prophezeien, dass du auch weiterhin leer ausgehen wirst, zumindest wenn du deine Ansprüche nicht senkst. „Es sind ja nicht alle so" ist wie auf den 6er im Lotto zu wetten, denn jede Frau ist sich über kurz oder lang ihres Marktwerts bewusst. Vielleicht wirst du deswegen an dir arbeiten, einen Vertrag im Fitnessstudio abschließen und bei einem Dating-Guru zur Schule gehen. Ich will dir diese Idee gar nicht madig machen, denn natürlich ist ein Sixpack schöner anzusehen als ein Bierbauch. Körperliche Attraktivität ist aber zum Großteil genetisch bedingt, weswegen dich ein paar Muskeln noch lange nicht zu einem James Bond machen. Ebenfalls wird ein introvertierter sensibler Mann nie das „Alpha-Tier" werden, dem alle hinterherlaufen, sosehr ihm das manch ein Flirt-Coach auch einreden mag. Die Natur ist ungerecht, weswegen du dich früher oder später so akzeptieren musst, wie du bist. Was also in dieser scheinbar ausweglosen Situation tun? Hoffen, dass sich die Gesellschaft zu deinen Gunsten wandelt und Frauen wieder mehr Wert auf den bodenständigen Durchschnittsmann legen? Ich muss dir leider sagen, so wie die Dinge stehen, wird es eher noch schlimmer als besser für dich werden (die Genderwissenschaft steckt noch in den Kinderschuhen). Also runter vom Sofa und demonstrieren gehen? Zum einen wirst du niemanden finden, der den Mut hat sich für Männerrechte stark zu machen, zum anderen wäre es auch sehr „rückwärtsgewandt" und mit Sicherheit dein gesellschaftlicher Tod. Was ich aber eigentlich damit sagen will: zu hoffen, dass sich das Umfeld um einen herum wie von Zauberhand ändert ist in jeder Lebenssituation das sinnloseste was man machen kann.

Die Verhältnisse, in denen du lebst zu hinterfragen ist trotz allem Nihilismus der erste Schritt in die richtige Richtung. Nur dann wirst du verstehen, wenn ich folgendes sage: „Deutschland ist keine Insel und das ist auch gut so". Das heißt, anderswo herrschen auch andere Verhältnisse. Und um noch konkreter zu werden, es bedeutet, dass es Orte auf der Welt gibt, an denen du nicht nur Frauen finden wirst, die dir gefallen, sondern – und jetzt kommt der entscheidende Unterschied – die auch an dir Gefallen finden werden. Wie so oft im Leben lohnt es sich einmal über den Tellerrand hinauszublicken. Wer mit offenen Augen durch die Welt geht, wird dann vielleicht feststellen, dass es sich nicht „rentiert" eine deutsche Frau zu erobern. Marktwirtschaftlich gesprochen: man(n) bekommt anderswo etwas Besseres zum günstigeren Preis[64]. Klingt zu schön, um wahr zu sein und wo ist der berühmte Haken? Genau das werden wir in den nächsten Kapiteln klären.

# 4. Die Globalisierung als Chance

Lieber Leser, anhand der Tatsache, dass du dich entschlossen hast dich auch den folgenden Zeilen zu widmen, lässt mich darauf schließen, dass du so einiges aus dem letzten Kapitel für richtig oder zumindest interessant empfunden hast. Das ist auch wichtig, denn nur dann wirst du das, was jetzt kommt, verstehen. Sollte der ein oder andere aus Bequemlichkeit die letzten beiden Kapitel übersprungen haben, dann empfehle ich jetzt noch einmal zurückzublättern.

Im letzten Kapitel ging es mir darum herauszustellen, warum der hiesige Partnermarkt Deutschland für einen Großteil der Männer ungünstige Ausgangsbedingungen bietet. In diesem Sinne habe ich behauptet, dass deutsche Frauen ein sehr schlechtes „Preis-Leistungs-Verhältnis" aufweisen, d.h. der Aufwand, den ein (Durchschnitts-)Mann betreiben muss, um eine deutsche Frau zu „erobern" (oder später in einer Beziehung zu „stemmen") lohnt sich nicht, wenn man(n) betrachtet, was man(n) am Ende dafür bekommt. Das warum habe ich (hoffentlich) im letzten Kapitel ausreichend beantwortet. Es liegt nicht daran, dass deutsche Frauen per se eine schlechte Wahl wären, es ist das Marktumfeld, das den Großteil von ihnen dazu macht[65].

Dieser Logik zur Folge, müsste es damit aber auch andere Märkte geben, die ein aus Männersicht attraktiveres Umfeld bieten was die Themen Liebe und Partnerschaft betrifft. Und ja, um es vorwegzunehmen, die gibt es tatsächlich, denn genau davon soll dieses Kapitel handeln.

## 4.1. Im Westen nichts Neues

Ich habe in Kapitel 3 viele Aspekte genannt, die den Partnermarkt Deutschland aus Männersicht unattraktiv machen. Nun ist es aber so, dass die meisten der genannten Punkte auch auf andere Länder zutreffen, die eine ähnliche gesellschaftliche Entwicklung erleben. Sie bilden zusammen einen gemeinsamen Kulturkreis, den wir auch gerne als „der Westen" bezeichnen (oder „das Abendland", je nach dem). Wer es genau wissen will, ich meine damit Westeuropa, sowie die angelsächsisch geprägten Länder, allen voran die USA. Freilich gibt es Unterschiede, so setzt man in den Vereinigten Staaten von Amerika z. Bsp. etwas mehr auf Eigenverantwortung und hierzulande etwas mehr auf Sozialstaatlichkeit. Im Großen und Ganzen entwickelt sich das Verhältnis von Mann und Frau diesseits und jenseits des Atlantiks aber auf sehr ähnliche Weise.

De facto ist es sogar so, dass viele gesellschaftliche Trends „herüberschwappen" und sich dann auch in Europa breit machen. Das Spiel funktioniert jedoch genauso andersherum, was viele Leser überraschen wird; die USA wird ja gemeinhin als „Leitkultur" des Westens verstanden. Während Norwegen das erste europäische Land war, dass eine gesetzlich vorgeschriebene Frauenquote für die Vorstandsetagen größerer Unternehmen beschlossenen hat[66] (nämlich im Jahr 2003), braucht es für die Umsetzung derartiger Zwangsmaßnahmen in den Vereinigten Staaten von Amerika wesentlich mehr Zeit. In Kalifornien wurde per Gesetz vom 01.10.2018, als ersten Bundesstaat der USA eine verpflichtende Quote zur Steigerung des Frauenanteils in den Aufsichtsräten börsennotierter Unternehmen eingeführt.[67] Anders wiederum verhält es sich bei gesellschaftlichen Trends, die eher den Zeitgeist betreffen, also nicht direkt marktregulierende Elemente aufweisen (was in den USA generell etwas skeptischer gesehen wird). Die sog. „68er-Generation", die nicht nur ein deutsches Phänomen war, sondern in fast allen westlichen Ländern zu einer gesellschaftlichen Umwälzung führte, fand ihren Ursprung in den Bürgerrechtsbewegungen der Afroamerikaner jenseits des Atlantiks. Letzteres weitete sich schließlich auf andere Lebensbereiche aus und es trat im Zuge der Kulturrevolution dann auch die Frauenrechtsbewegung hervor. Der Protest, der bei den damaligen Zuständen seine volle Berechtigung hatte, entwickelte sich leider bald zu dem weiter was viele Männer heute als „Feminismus" verteufeln und hatte u.a. zur Folge, dass an einigen US-amerikanischen Universitäten plötzlich sog. „Women's studies" unterrichtet wurden[68]. Dies führte wiederum zu dem, was wir heute unter dem Begriff „Genderwissenschaft" kennen, ein Studienfach, das seit dem Wintersemester 1997/98 an der Humboldt-Universität zu Berlin erlernt werden kann und mittlerweile auch an vielen anderen Hochschulen in Deutschland.

Wie unsere Gesellschaft zu dem wurde, was sie heute ist, mag für den Historiker interessant sein, für deine Zwecke, lieber männlicher Leser, genügt es zu wissen, dass ein gemeinsamer Zeitgeist im Westen existiert und sich dieser für alle betroffenen Länder auf ähnliche Weise entwickelt. Viel interessanter ist doch die Frage, warum sich die emanzipierte Gesellschaft nur im Westen durchsetzen konnte. Der moderne Feminismus hat sein zu Hause im „linken" Milieu, wo der Kapitalismus oft mit Frauenunterdrückung gleichgesetzt wird. Das widerspricht sich aber mit der Tatsache, dass die „mutigen" Verfechter des heutigen Feminismus selten aus dem Iran, China oder Nigeria kommen, sondern aus dem Herzen des kapitalistischen Bösen selbst, nämlich den USA und Großbritannien (ähnlich verhält es sich mit den wütenden Pamphleten überzeugter Marxisten in westlichen Großstädten). Was bringt die deutsche Regierung dazu, über geschlechtsneutrale Toiletten zu debattieren, während wirklich wichtige Themen – wie der Bau eines funktionsfähigen Flughafens in der Landeshauptstadt[69] – außen vorgelassen werden. Böse Zungen könnten bei solchen Zuständen von „spätrömischer Dekadenz" sprechen, also einer Gesellschaft, die sich selbst überdrüssig geworden ist.

Faktisch sind die Geschlechter im Westen heute gleichberechtigt, d.h. es gibt keine Regelungen oder Gesetze, die eine Frau daran hindert, das zu tun, was Männer tun. Da dieses Ziel bereits erreicht wurde und auch sonst Frieden und Wohlstand herrscht, braucht es neue Ideale, für die es sich wieder zu kämpfen lohnt. Aus diesem Grund versteht man unter Gerechtigkeit im modernen Westen nicht mehr Chancengleichheit, sondern Gleichheit. Die roten Fahnen können damit wieder aus der Mottenkiste geholt werden.

Es wird sich zeigen, wohin das alles führen wird. Dir, lieber männlicher Leser, kann das herzlich egal sein, du kannst es sowieso nicht beeinflussen. Dir sollte aber im Klaren sein, dass du dein Liebesglück genauso wenig in Großbritannien oder sonst wo in Westeuropa finden wirst. Die gesellschaftlichen Umstände in diesen Ländern unterscheiden sich von deiner deutschen Heimat nur unwesentlich, d.h. auch dort findest du dieselbe starke, unabhängige Frau, mit der du schon zur Genüge Bekanntschaft machen durftest. Der Blick über den Tellerrand lohnt sich in dieser Hinsicht also kaum. Allenfalls in den USA herrscht abseits der Küstenstädte mancherorts eine andere Mentalität, das „Land der Extreme" ist groß und in sich tief gespalten. Amerikaliebhaber können eventuell auf ihre Kosten kommen, sofern sie ihre Traumfrau an der richtigen Stelle suchen. Ansonsten gilt es den Westen in dieser Hinsicht zu meiden. Für den gemeinen Durchschnittsmann (und damit meine ich den Großteil aller Männer) ist dieser Partnermarkt unattraktiv, soll heißen anderswo bekommt man(n) in der Regel „etwas Besseres". Über dieses „anderswo" wollen wir im Folgenden sprechen.

## 4.2. Der Blick über den Tellerrand

Kommen wir also endlich zur Frage, wo sich die Brautschau dann noch lohnt, wenn der Partnermarkt im Westen, nach allem was wir jetzt wissen, für dich als Durchschnittsmann unattraktiv ist. Die Antwort ist so logisch wie Grundschulmathematik, natürlich wird man(n) demzufolge außerhalb der westlichen Hemisphäre fündig werden. Und fast so einfach ist es dann auch tatsächlich, denn generell lässt sich sagen, dass dort ein anderes Männerideal gepflegt wird. Diesem wirst du, als deutscher Durchschnittsmann zu hoher Wahrscheinlichkeit deutlich näherkommen als dem „Alpha-Softie-Versorger-Entertainer"-Ideal, an dem hierzulande so viele deiner Artgenossen verzweifeln. Das bedeutet nicht-westliche Frauen werden dich nicht nur mehr schätzen, der Flirtprozess an sich wird dir um einiges mehr Freude bereiten für den du letzten Endes auch noch mit „etwas Besserem" belohnt wirst.

Es freut mich dann ebenso, wenn mir überglückliche Männer von ihren Erlebnissen berichten. Sie sind meist völlig überrascht, wenn Dates plötzlich nicht mehr wie Vorstellungsgespräche ablaufen, also wie sie es eben aus Deutschland kennen. Viele müssen sich erst einmal an diese Situation gewöhnen. Denn wenn eine attraktive Frau, die sie in Deutschland als „unerreichbar" einstufen würden, ihnen sehnsüchtige Blicke zuwirft, ist das eben schwer zu glauben. Aber es sind genau diese Erfahrungen aus der Praxis, weswegen ich überhaupt angefangen habe dieses Buch zu schreiben. Ich habe mich schon immer gefragt: wenn es deutsche Männer so viel einfacher haben könnten, warum handeln sie dann nicht entsprechend? Sicherlich, es gibt westliche Männer, die von ihrer Art her zu keiner nicht-westlichen Frau passen (wir werden darauf in Kapitel 5 zu sprechen kommen). Für viele gilt allerdings der alte Spruch „Was der Bauer nicht kennt, das frisst er nicht", soll heißen, sie täten gut daran ihren Horizont zu erweitern.

Das gängige Vorurteil lautet, es läge am Geldbeutel und dem vermeintlichen Wohlstand, den ein deutscher Mann einer nicht-westlichen und damit vermeintlich ärmeren Frau bieten kann. Auch ich hatte immer das Klischee vom Opa mit der jungen Thailänderin im Kopf und das Thema „im Ausland auf Brautschau gehen" lange Zeit als lächerlich abgetan. Heute weiß ich, dass es sich dabei nur um die halbe Wahrheit handelt und teilweise nicht mal das. Richtig ist aber, in Ländern außerhalb der westlichen Hemisphäre haben Männer, die einen hohen Versorger-Status aufweisen können, einen viel höheren Stellenwert. Das trifft allerdings nicht nur auf „hungernde" Frauen in Äthiopien, sondern ebenso auf beruflich erfolgreiche Frauen in Shanghai, Moskau oder São Paulo zu. Letztere haben den männlichen Geldbeutel sicher nicht nötig zum Überleben, verstehen unter ihrem Traumprinzen aber trotzdem einen erfolgreichen Ernährer und keinen Alpha-Softie oder Entertainer.

In diesen Ländern wird keine Gendergleichheit angestrebt, sondern beide Geschlechter mit ihren natürlichen Eigenheiten akzeptiert. Außerhalb des Westens träumen Frauen nach wie vor von der eigenen Familie, d.h. Mutter zu sein, was eine eigene

84

Karriere nicht ausschließen muss, aber kann (ohne dabei gesellschaftlich geächtet zu werden). Es ist nur logisch, dass sie in diesem Sinne v.a. bodenständige und erfolgreiche Männer bevorzugen, denen sie die Ernährung einer potenziellen Familie zutrauen. Dass viele deutsche Männer in dieser Hinsicht eine attraktive Wahl darstellen erklärt sich von selbst. Damit habe ich die Situation in allen nicht-westlichen Ländern allerdings über einen Kamm geschert. So einfach ist es am Ende freilich nicht, weswegen ich an dieser Stelle auf die unterschiedlichen Regionen im „Rest der Welt" kurz näher eingehen möchte.

Nordafrika und weite Teile Asiens sind kulturell dem Islam zuzuordnen. Diese Länder sind zum Großteil stark religiös geprägt, was bedeutet, dass Frauen in der Regel Männer aus ihrem eigenen Kulturkreis den Vortritt geben. Da die meisten westlichen Männer eher atheistisch veranlagt sind und auch ansonsten dem Christentum entstammen, ist die Wahrscheinlichkeit, dass sich hier zwei Menschen fürs Leben finden wohl eher gering[70]. An diesem Beispiel zeigt sich aber bereits die Bedeutung der kulturellen Prägung für eine Partnerschaft. „Gleich und gleich gesellt sich gern" ist die Devise. Solltest du, lieber männlicher Leser, Moslem sein, bedeutet das im Umkehrschluss allerdings ebenso, dass du im islamischen Raum hervorragende Aussichten auf eine Partnerin hast. Es gilt jedoch zu beachten, dass manche arabische Länder wie Saudi-Arabien und Kuwait einen Männerüberschuss aufweisen, der den eigenen Erfolg auf dem dortigen Partnermarkt einschränken kann.

Im restlichen, nicht-islamischen Asien haben die meisten deutschen Männer hingegen sehr hohe Chancen fündig zu werden. Entgegen der Vorurteile, dass asiatische Frauen – auch wenn im speziellen meist Thailänderinnen gemeint sind – leicht „käuflich" seien und deswegen nicht einmal vor den grabschenden Händen eines grauhaarigen Lustmolchs zurückschrecken, sind weiße Männer schlichtweg hoch im Kurs[71] (siehe auch Abbildung 4). Über das warum lässt sich streiten und ich wage auch nicht, hier meine Meinung zu äußern. Wer es genauer wissen will, dem empfehle ich das Video „Do Asian Women Have White Fever?" aus der Doku-Videoreihe um den Film „Seeking Asian Female", in welchem asiatische Frauen über ihre Vorliebe für weiße Männer berichten[72]. Zu guter Letzt ist es ebenso arrogant (und naiv) zu glauben, dass die Menschen in diesen Ländern auf einen „Geldbeutel" aus dem Ausland angewiesen wären. Nicht nur China, sondern auch Thailand oder Vietnam werden als aufstrebende Schwellenländer bezeichnet, d.h. die Wirtschaft dieser Länder wächst in einem Tempo, mit dem sie Westeuropa in wenigen Jahren nicht nur einholen, sondern gar überholen werden[73]. Nicht umsonst sind sich viele Wirtschaftswissenschaftler jetzt schon einig, dass die Musik der Zukunft auf dem asiatischen Kontinent spielen wird. Wer diese Meinung teilt, kann auf diese Weise einen Fuß in die Tür setzen. Zu beachten ist lediglich der enorme Männerüberschuss in China (siehe auch Kapitel 3.5), der jedoch niemanden abschrecken sollte, auch dort sind weiße Männer hoch im Kurs.

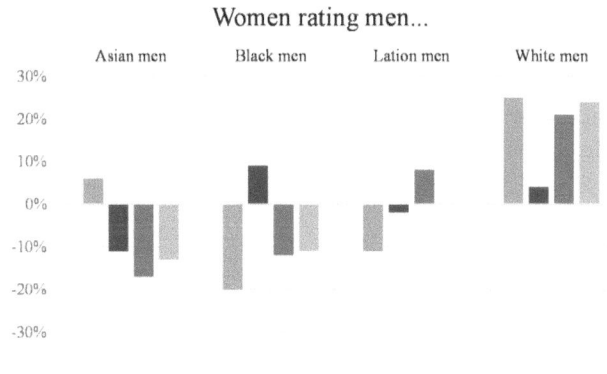

**Abbildung 4: "Race and Attraction" 2011, Auswertung des Nutzer-Verhaltens auf der Dating-Plattform OkCupid** (in Anlehnung an [74])

Wer ein Fable für afrikanische oder lateinamerikanische Frauen hat, kann in diesen Ländern sicher fündig werden. Es wird aber jedem klar sein, dass die Menschen auf beiden Kontinenten vielerorts sehr arm sind. Hinzu kommt das niedrigere Bildungsniveau, welches meist mit der Armut einhergeht. Dies hat zur Folge, dass in bestimmten Regionen kein Englisch gesprochen und so das Thema Kommunikation zum Problem wird. Männer, die hier mit ihrem Versorger-Status punkten wollen, können das natürlich gerne tun, müssen aber damit leben, dem Klischee „westlicher Mann kauft arme ausländische Frau" sehr nahe zu kommen. Ich denke allerdings, dass kein westlicher Mann diese Art einer Liebesbeziehung im Sinn hat, wenn er heimlich von der heißblütigen Latina träumt. Zu seinem Glück herrschen nicht überall prekäre Verhältnisse, soll heißen wer an den richtigen Orten sucht wird fündig werden. Von Vorteil wiederum ist die gemeinsame kulturelle Basis durch die christliche Religion (mit Ausnahme Nordafrikas versteht sich). Letztere hat in diesen Ländern freilich einen höheren Stellenwert als im Westen, nichtsdestotrotz ist es eine Gemeinsamkeit, die gegenseitiges Verständnis schafft.

Grundsätzlich hat Lateinamerika ein weit höheres Wohlstandsniveau als Afrika. Länder wie Brasilien oder Chile gelten als aufstrebende Schwellenländer mit einer anwachsenden Mittelschicht, die nach Bildung dürstet. An den gut besuchten Universitäten wird man(n) seinesgleichen finden (z. Bsp. wer schon immer über ein Auslandssemester nachgedacht hat). Hingegen gilt Afrika leider noch immer als das Armenhaus der Welt und nur wenige Regionen verfügen über eine funktionierende Zivilisation wie wir sie kennen. Teilweise, wie vielerorts im

Süden, kann der Kontinent aber wirtschaftlich prosperieren und es gibt Boom-Städte wie Johannesburg, die auf jeden Fall einen Blick wert sind (schließlich gilt: wäre Afrika ein schlechter Partnermarkt, würde man dort nicht so viele westeuropäische Frauen antreffen[75]).

Lieber Leser, dir wird aufgefallen sein, dass ich die Welt außerhalb des Westens nur kurz umrissen habe. Auf Länder wie Indien oder die Philippinen bin ich z. Bsp. gar nicht eingegangen. Das liegt daran, dass sich meine Erfahrungen aus der Praxis auf osteuropäische Frauen, speziell aus Russland beschränken. Beim Rest der Welt maße ich mir nicht an eine Expertenmeinung zu haben. Wer es genauer wissen will, wird im Zeitalter des Internets sicherlich fündig werden. Die folgenden Kapitel beschreiben das Thema Dating, Liebe und Partnerschaft in Osteuropa anhand des Beispiels Russlands. Gerade polnische und ukrainische Frauen werden mir diese Pauschalisierung – besonders wegen der aktuell schwelenden, geopolitischen Konflikte mit Russland – übelnehmen, womit sie bei genauerer Betrachtung freilich Recht haben. Im Vergleich zu deutschen bzw. westeuropäischen Frauen sind diese Unterschiede aber marginal und in diesem Sinne spreche ich in diesem Buch von den typischen Eigenschaften einer osteuropäischen Frau. Allgemein lässt sich sagen, dass Polen der westlichen Mentalität etwas näher ist als Russland.

Osteuropäische Frauen sind bei deutschen Männern beliebt und das nicht ohne Grund, wie sich im nächsten Kapitel zeigen wird.

| 1 | Türkinnen | 3111 |
|---|---|---|
| 2 | Polinnen | 2296 |
| 3 | Russinnen | 1800 |
| 4 | Ukrainerinnen | 1249 |
| 5 | Italienerinnen | 1143 |
| 6 | Thailänderinnen | 1051 |
| 7 | Österreicherinnen | 823 |
| 8 | Rumäninnen | 785 |
| 9 | Chinesinnen | 763 |
| 10 | Brasilianerinnen | 643 |

**Tabelle 1: Top 10 Partner deutscher Männer 2017 (Binationale Eheschließungen)**[76]

## 4.3. Im Osten geht die Sonne auf

Russland – bzw. formal als Russische Föderation bezeichnet – ist mit etwa 17 Millionen Quadratkilometern Fläche der größte Staat der Erde. Mit 144 Millionen Einwohnern steht es allerdings nur an 9. Stelle der bevölkerungsreichsten Länder der Welt und ist damit zugleich eines der dünnsten besiedelten Länder der Welt. Etwa 77% der Bevölkerung, d.h. etwa 110 Millionen Einwohner leben westlich des Urals im europäischen Teil des Staatsgebietes.

Viele davon in Städten; die Hauptstadt Moskau zählt mit mehr als 12 Millionen Einwohnern zu den größten Metropolregionen der Welt. Die zweitgrößte Stadt St. Petersburg gilt als „Tor zum Westen" und ist das Kunst- und Kulturzentrum Russlands. Weitere Millionenstädte Russlands sind Nowosibirsk in Sibirien, Jekaterinburg im Ural und Nischni Nowgorod an der Wolga. Ansonsten ist das Land für seine enormen Rohstoffreserven bekannt, die mit etwa 20 bis 30 Prozent die wahrscheinlich größten der Welt sind.[77]

Außerdem ist Russland vielen noch als lenkende Macht der Sowjetunion in Erinnerung, als ewiger Rivale des Westens im Kampf der Systeme zwischen Kapitalismus und Kommunismus. Auch heute nach Ende des kalten Krieges sind die Beziehungen zwischen Ost und West angespannt, wenngleich in Russland die roten Fahnen mit dem berühmten Hammer-und-Sichel-Emblem verschwunden sind. Russland ist heute ein kapitalistisches Land, wobei essenzielle Teile der Wirtschaft, wie beispielsweise der Energieriese Gazprom unter Staatskontrolle stehen. Russland besitzt nur einen rudimentären Sozialstaat, das Gefälle zwischen Arm und Reich ist enorm und Korruption etwas Alltägliches, mit dem sich ein Großteil der Bevölkerung arrangiert hat. Auf der anderen Seite gilt Russland als aufstrebendes Schwellenland, das Wirtschaftswachstum lag zumindest Anfang der

2000er Jahre im hohen einstelligen Bereich. Diesen Fortschritt spürt auch Russlands Jugend, die – trotz aller Probleme – vielerorts optimistisch in die Zukunft blickt[78].

Soviel zum groben Überblick. Kommen wir zur Frage, warum gerade Russland hinsichtlich des Themas Dating, Liebe und Partnerschaft für dich, lieber männlicher und deutscher Leser, interessant sein soll. Russische Frauen sind bekannt für ihre hohen Wangenknochen, weswegen sie häufig als Fotomodell in Erscheinung treten. Vielleicht hast du auch den ein oder anderen Bekannten oder Verwandten, der eine russische Frau geheiratet hat oder plant es zu tun. Das wäre nicht verwunderlich, denn wie in Tabelle 1 dargestellt, gehören osteuropäische Frauen, darunter auch aus Russland, zu den Lieblings-Partnerinnen, wenn es darum geht, dass ein deutscher Mann eine binationale Liebesbeziehung eingeht. Über das „warum" ranken sich viele Vorurteile und Mythen, beginnend vom üblichen „reicher Mann aus dem Westen kauft arme Frau aus dem Osten" bis zum Mysterium, dass es in Russland einfach zu viele Frauen gäbe, also einen Mangel an Männern der dort vorherrsche. Im Internet gedeihen Dating-Plattformen prächtig, die sich auf die Vermittlung zwischen osteuropäischen Frauen und westeuropäischen Männern spezialisiert haben. Meist ist dort von einem „die russische Frau ist femininer, schöner, besser" etc. die Rede. Aber auch in Russland sind westliche Männer hoch im Kurs, was sich in der hohen Zahl weiblicher Nutzer auf den Dating-Plattformen widerspiegelt[79]. Sind Hans und Natascha das Traumpaar der Stunde? Tatsächlich gibt es viele Gründe, die aus Sicht von Hans für eine russische Frau sprechen und umgekehrt. Meine Frau und ich würden nach allem was wir heute wissen sogar so weit gehen und behaupten, dass für viele deutsche Männer Natascha die bessere Wahl ist (auch wenn ihm Emma deswegen böse sein wird).

## 4.3.1. Exkurs: Meine Geschichte

„Russische Frauen", das klingt nach einem Klischee und einer Menge an Vorurteilen. Und zugegeben, lange bevor ich diese Zeilen geschrieben habe, dachte ich genauso. Wenn sich deutsche Männer im Ausland nach einer Frau umschauen, dann doch nur, weil sie hierzulande keine „abgekriegt" haben. Sieht diese Ausländerin dann auch noch gut aus, dann hat sie es sicher nur auf sein Geld abgesehen. Eine scheinbar logische Erklärung, gerade wenn einen das Thema sowieso nicht näher interessiert. Letzteres änderte sich erst, als mir meine damalige Freundin den Laufpass gegeben hatte. Ich stürzte mich ins Single-Leben mit einer genauen Vorstellung wie meine zukünftige Partnerin zu sein und v.a. auszusehen hätte, nämlich mindestens so gut wie meine Ex (logisch, was auch sonst). Es dauerte nicht lange, bis ich merkte, dass ich die Messlatte etwas senken musste. Und auch wenn ich mich in der Rolle des Aufreißers wähnte, so waren es am Ende eines Dates immer die Frauen, die mit einem Daumen nach oben oder unten signalisierten, ob ich das „Vorstellungsgespräch" bestanden hatte oder nicht.

In dieser Situation erinnerte ich mich an die Worte eines ukrainischen Freundes, der ein paar Jahre zuvor selbst Single war und mir einst gestanden hatte „keine deutsche Frau bekommen zu können". Ein halbes Jahr später präsentierte er mir seine neue russische Freundin und hatte das Thema deutsche Frauen schon wieder vergessen (was jeder verstehen wird, der seine Frau – sie haben schließlich geheiratet – schon einmal gesehen hat). Da es mir in keinem Moment so vorkam, als ob sie es nur auf sein Geld abgesehen hatte, begann ich meine Vorurteile zum Thema ausländische Frauen zu hinterfragen; aber auch meine eigene Situation und schließlich ganz allgemein die Situation eines Single-Mannes in Deutschland. Obwohl die Dates immer besser liefen – nach einer langjährigen Beziehung war ich im Umgang mit Frauen etwas eingerostet – wurde mir zunehmend klar, dass ich das was ich wollte anderswo einfacher bekommen konnte. Die attraktiven Frauen, also welche mich interessiert hätten, waren rar gesät und schwer zu

„stemmen". Sie wirkten auf mich so, als ob sie sich ihres Marktwerts nur zu gut bewusst sind. Für den ein oder anderen mag genau darin die Herausforderung liegen: die unbezwingbare Zicke zu zähmen. Für mich, der das ganze aus meiner letzten Beziehung nur zur Genüge kannte, lag darin kein Reiz mehr[80].

Mein letztes Rendezvous in dieser Selbstfindungsphase gab schließlich den entscheidenden Ausschlag. Ohne es zu wissen hatte ich ein Date mit einer gebürtigen Russin, was mir jedoch erst im Verlauf des Abends klar wurde. Wir waren zu verschieden, um uns zu verlieben, dafür bestätigte sie mir das, was ansonsten nur als „gefühlte Wahrheit" durchgehen würde. Ohne dass ich sie darauf angesprochen hätte, begann sie davon zu schwärmen, wie toll das Leben in Deutschland doch sei. Als (Single-)Frau in ihrem Alter (sie war knapp über 30) würde sie in Russland keinen Mann mehr bekommen und müsste sich Vorwürfe gefallen lassen, da sie noch keine Familie gegründet hatte. In Deutschland hingegen sei das alles kein Problem, stattdessen gäbe es immerzu Männer, die sie umschwärmen. Man kann ein solches Statement vielseitig werten, z. Bsp. auch als Kritik an einer vermeintlich viel zu konservativen Gesellschaft in Russland. Nach allem was ich vorher schon wusste, sah ich darin aber nur meine Meinung bestätigt, dass Deutschland ein besseres Marktumfeld für

Frauen darstellt als Russland – was für Männer dementsprechend umgekehrt gilt.

Nun wollte ich endlich wissen, ob sich meine Theorie auch in der Praxis bewahrheiten würde. Ich meldete mich bei einer internationalen Dating-Plattform an, um zu sehen, wie groß meine Erfolgschancen sein würden. Das Ergebnis war zunächst ernüchternd, was vielleicht auch an meiner hohen Erwartungshaltung lag (oder dem Geizhals in mir, der kein Geld für eine kostenpflichtige Plattform – mit mehr Nutzern – spendieren wollte). Mein Postfach begann sich zu füllen, nur eben langsamer als gedacht. Dessen ungeachtet bekam ich bald eine Nachricht von meiner heutigen Frau, die mir nicht nur wegen ihres Äußeren, sondern ebenso ihrer Interessen gefiel; sie hörte tatsächlich dieselben Bands wie ich (was bei meinem sehr speziellen Musikgeschmack durchaus besonders ist[81]). Wir begannen zu „skypen" und da die Chemie von Anfang an stimmte, entschloss ich mich für einen spontanen Sommerurlaub in Russland.

Im Freundeskreis und der Familie schüttelten sie derweil den Kopf, ich hätte das alles doch nicht nötig und die ganze Idee sei völlig übertrieben. Doch ich war mir meiner Sache sicher, zumindest bis ich dann am Flughafen stand und realisierte, was ich da eigentlich tat. Ich beruhigte mich damit, dass ich schließlich nichts zu verlieren hätte und im schlimmsten Fall nur ein Abenteuer erleben würde, von dem ich meinen Enkeln später einmal erzählen konnte. In Moskau angekommen, kreisten meine Gedanken vor allem um die Passkontrolle und was passieren würde, falls ein russischer Grenzbeamter meine Einreisedokumente als ungültig einstufen würde. Erst als sich diese Befürchtungen als lächerlich erwiesen, besann ich mich wieder dessen, warum ich überhaupt hier war. Voller Vorfreude und einer Restportion an Skepsis setzte ich mich in den Anschlussflug, der mich nach einer Gesamtreisezeit von mehr als zwölf Stunden bei meinem Date ablieferte. Die nächsten zwei Wochen waren schön, was bei einer Frau ihrer Klasse „zu schön um wahr zu sein" bedeuten konnte. Ich suchte deswegen anfangs nach einem Haken, der mein Glück hätte erklären können. Allerdings fand ich keinen und als ich mich in Russland etwas genauer umsah, wusste ich auch schnell warum. Auf dem dortigen Partnermarkt herrschen nicht nur theoretisch, sondern auch praktisch andere Verhältnisse. Was ich mir vorher nur ausgedacht hatte, bestätigte sich nun im echten Leben.

Der Urlaub kam mir indessen wie ein Traum vor. Wir fuhren mit einer Dampflock durch Russland, gingen in den Bergen wandern und taten bei all dem immer so, als würden wir uns schon ewig kennen. Kurzum, es war eines dieser Abenteuer, derer man sich sein Leben lang erinnert. Mehr möchte an dieser Stelle nicht verraten (und hoffe, dass mir der gemeine Leser so viel Privatsphäre erlaubt).

Es dauerte weniger als zwei Monate, bis sie mich dann in Deutschland besuchte. Ihr gefiel meine Heimat außerordentlich gut und sie merkte ebenso wie ich zuvor in Russland, dass sie eine andere Welt betreten hatte. Da wir über dieses Thema recht offen sprachen, gestand sie mir, wie viel besser die Männer in Deutschland doch aussehen würden: alle schienen auf ihr Erscheinungsbild zu achten. Als wir einmal abends in einen Club zum Tanzen gingen, staunte sie über die vielen Männer, die dort um die wenigen Frauen herumschlichen. Und das, obwohl Letztere in ihren Augen oft „nichts Besonderes" waren. In Russland sei so etwas undenkbar. Wir machten viele Beobachtungen dieser Art und ich will sie aus Zeitgründen hier nicht alle auflisten. Fakt ist, dass wir am Ende geheiratet haben, da uns beiden klar war, dass wir füreinander geschaffen waren und es keinen Grund gab, die Sache noch länger hinauszuzögern. Und wenn wir nicht gestorben sind, dann leben wir heute mit unserem Nachwuchs in einer Metropolregion Deutschlands.

Ich möchte abschließend noch ein weiteres Argument nennen, weswegen ich mich „damals" bewusst für eine nicht-westliche Frau entschieden habe: Ich wollte eine Familie gründen. Der ein oder andere wird sich nun fragen, was das mit deutschen Frauen zu tun haben soll. Nun, zum einen spricht die Scheidungsstatistik für sich, d.h. diese Zahlen kommen nicht von ungefähr. Ich habe genau drei Scheidungen in meinem Bekanntenkreis erlebt und in zwei der drei Fälle ging die Trennung von der jeweiligen Frau aus (im dritten Fall war – zumindest offiziell – von einem „gemeinschaftlichen Beschluss" die Rede). Wer nun die Bilder von häuslicher Gewalt oder Alkoholismus im Kopf hat, den muss ich leider in die Realität des modernen Deutschlands zurückholen. Wer weiß, was diese Frauen in die Arme ihrer Liebhaber getrieben hatte, aber man munkelt es war Langeweile. Und jeder, der das deutsche Scheidungsrecht kennt weiß, dass Ehebruch teuer sein kann (zumindest für den Partner, der mehr eingebracht hat, was manchmal auch der Betrogene sein kann). Freilich ist „nicht jede so" und es gibt auch Partnerschaften, die ewig halten und das will ich auch gar nicht abstreiten. Ich bin lediglich ein sehr pragmatischer Mensch, will heißen, das statistische Risiko, dass es mir ähnlich ergehen könnte, ist mir zu hoch.

Des Weiteren vermisse ich bei deutschen Frauen (und Männern) heute den Sinn für die Familie. Letztere hat im Westen an Stellenwert verloren (und das erklärt im Übrigen auch, warum Beziehungen schneller „langweilig" werden). Eine deutsche Frau, gerade wenn sie körperlich attraktiv ist, hat – so kommt es mir zumindest vor – ein Problem damit, ihre Unabhängigkeit und ihren Status in der Single-Welt aufzugeben, weswegen sie vor ernsten Partnerschaften oder gar einer Familiengründung zurückschreckt. Freilich könnte man(n) sich in diesem Fall eine Frau suchen, die „froh ist, dass sie einen hat", d.h. seine Ansprüche senken und dafür mit Treue belohnt werden. Kann man(n) machen, muss man(n) aber nicht, v.a. wenn man(n) die Message dieses Buches verstanden hat. Es gibt attraktive Frauen, die gleichzeitig einen Sinn für die Familie haben und mit denen eine harmonische Partnerschaft ohne weiteres möglich ist. Du findest sie in Russland.

## 4.3.2. Klischee und Wahrheit

Im letzten Kapitel habe ich meine persönlichen Erfahrungen mit russischen und deutschen Frauen geschildert. Nun darf jeder kritische Leser den berechtigten Einwand äußern, dass man(n) diese nicht verallgemeinern kann. Vielleicht hatte ich schließlich nur zufällig mehr Glück mit russischen Frauen und es hätte genauso gut früher oder später mit einer deutschen Frau „klappen" können. In dieser Denke steckt das berühmte „alle Menschen sind gleich" und ich kann jemanden, der eine derart idealistische Weltsicht hat, nur Zahlen entgegensetzen, die aus meiner Sicht das Gegenteil beweisen. Ich versuche im Folgenden zu belegen bzw. eine Theorie aufzustellen, warum mir der Umgang mit russischen Frauen so viel leichter fällt und wieso es meiner Meinung nach vielen deutschen Männern ähnlich wie mir ergehen würde. Dabei werde ich auch auf die gängigen Vorurteile zu russischen Frauen eingehen, d.h. ob sie es wirklich „nur auf Geld abgesehen" haben oder es in Russland einfach zu viele Frauen gibt und diese deswegen auf Männer aus dem Ausland angewiesen sind. Ansonsten werde ich aber auch auf Aspekte der russischen Gesellschaft eingehen, die dem deutschen Leser neu sein könnten.

## 4.3.2.1. „Die wollen alle nur dein Geld"

In einer Umfrage des russischen Lewada-Instituts aus dem Jahr 2018 wurden mehr als tausend Menschen gefragt, auf welche Qualitäten des jeweils anderen Geschlechts sie bei der Partnerwahl besonders Wert legten[82]. 51% der Frauen erachten die Intelligenz eines Mannes als wichtig, dicht gefolgt von der Fähigkeit Geld zu verdienen, was von 42% der Befragten genannt wurde. Als weiterer Aspekt wurde „Anstand" genannt, den 37% der Frauen bei Männern zu schätzen wissen. Nur 5% legen Wert auf das Aussehen ihres Erwählten und mit 1% wurde „männliche Sexualität" als praktisch unwichtig angegeben.

Soll man dieser Umfrage glauben (und sie spiegelt tatsächlich meine persönliche Erfahrung wider), dann muss dem Klischee zumindest soweit recht gegeben werden, als dass Geld in den Augen russischer Frauen eine besondere Rolle spielt. Zusammen mit den Qualitäten „Intelligenz" und „Anstand" (letzterer hat einen besonderen Hintergrund, den ich noch erläutern werde) ergibt sich hier ein klar definiertes Ideal eines Mannes, und zwar das des schon so oft erwähnten Versorgers oder Ernährers.

Ob das alles gut oder schlecht sein soll, liegt letztlich im Auge des Betrachters. Ein Feminist würde die Zahlen wahrscheinlich so interpretieren, dass sich russische Frauen mit dieser Sichtweise in die Abhängigkeit vom Mann begeben (der als einziger Karriere machen „darf"), was natürlich negativ gesehen wird. Das gängige Klischee dreht den Spieß um und teilt den deutschen Männern die Opfer-Rolle zu, da sich diese von russischen Frauen finanziell ausnützen ließen. Beide Erklärungsversuche scheitern allein daran, dass sie sich selbst widersprechen bzw. nicht einig sind, welches Geschlecht nun Täter oder Opfer sein soll. Es ist wie so oft fraglich, ob ein solches Schwarz-Weiß-Denken die richtigen Antworten geben kann. Meist sind Menschen, die sich auf diese Weise äußern auch nicht wirklich an der Wahrheit interessiert.

Gerade wenn deutsche Frauen sich derart abfällig über russische Frauen äußern, sollte eher hinterfragt werden, warum sie das tun. Denn vielleicht wollen sie auch nur ihr Revier verteidigen (sowie das deutsche Männer tun, die ihre Frauen vor „islamischen Unterdrückern" beschützen wollen).

Des Weiteren sollte immer bedacht werden, dass unsere Sicht auf den Rest der Welt immer nach westlichen Maßstäben bzw. unserer ureigenen Mentalität erfolgt. In Russland herrscht aber ein anderer Zeitgeist und vieles was wir als „gut" erachten, wird dort genau deswegen als „westlich" gebrandmarkt und verachtet. Dies trifft im Besonderen auf das Thema Partnerschaft, sowie das Selbstverständnis der Geschlechter zu. Es ist richtig, dass russische Frauen den Versorger suchen; das tun sie aber weniger des Geldes wegen (d.h. weniger, um sich teure Pelzmäntel kaufen zu können), sondern vielmehr, um einen geeigneten Ernährer für potenzielle Kinder zu finden. Das bedeutet nicht, dass sie keinen Wert auf die eigene Karriere legen, nur sind die Prioritäten einfach anders gesetzt. Die Frage „Was ist Glück im Leben" wird von den Frauen im Osten anders beantwortet als im Westen. Erstere suchen das Glück eben primär in der Familie (wir kommen darauf in Kapitel 4.3.2.5 zu sprechen) und Letztere in ihrer persönlichen Selbstverwirklichung (siehe Abbildung 2 bzw. Kapitel 3.4). Vor diesem Hintergrund kann man(n) russische Frauen auch als die besseren Partnerinnen sehen, da sie grundsätzlich eine ernste, dauerhafte Beziehung anstreben, während deutsche Frauen – überspitzt formuliert – lediglich einen Hofnarr zum Zeitvertreib auf ihrem Ego-Trip suchen.

Es ist also alles eine Sache der Perspektive. „Die wollen alle nur Geld" kann ich in keinster Weise bestätigen, weder anhand meiner persönlichen Erfahrung noch anhand dessen, was ich bei anderen Paaren in Russland beobachtet habe. Nichtsdestotrotz hat dieses Vorurteil einen Hintergrund, den ich gerne beleuchten möchte. Es kommt leider immer wieder vor, dass westliche Männer bei nicht-westlichen Frauen allein über ihren Versorger-Status punkten wollen. Und jeder kennt aus der Praxis die ungleichen Paare, wegen denen es solche Vorurteile gibt. Natürlich wird sich eine junge Schönheit – egal woher – nicht Hals über Kopf in einen alternden Lustgreis verlieben, nur weil dieser ein dickes Portemonnaie hat. Eine solche Zweckgemeinschaft besteht freilich nur des Geldes wegen, das hat aber mit dem, was jeder normale Mensch unter einer Partnerschaft versteht, recht wenig zu tun. Von dem her macht es auch keinen Sinn bzw. ist es faktisch falsch, nicht-westliche Frauen auf diese Weise über einen Kamm zu scheren.

Nach dem Zusammenbruch der Sowjetunion litten weite Teile Osteuropas unter einer verheerenden Wirtschaftskrise. Nur ungern erinnert man sich in Russland an die „schlimmen 90er Jahre" die von Armut und Kriminalität geprägt waren. Unter solchen Umständen greifen viele Menschen nach jedem Strohhalm, der ihnen die Aussicht auf ein besseres Leben gibt[83]. In dieser Zeit entstand das Klischee der „geldgeilen" Ost-Frau, die einen verzweifelten West-Mann benutzt, um auf diesem Weg an die heiß begehrte Aufenthaltserlaubnis zu gelangen. Also ja, es gab und gibt auch heute noch dieses Phänomen. Es tritt aber immer nur dann auf, wenn Männer ihren Marktwert maßlos überschätzen. Wer im Westen nichts „reißt", wird im Osten vielleicht fündig werden, sollte jedoch nicht die Schönheitskönigin im Sinn haben. Für jeden, der über eine gesunde Portion an Menschenverstand verfügt sollte das kein Thema sein. Wir werden uns der Frage, was ein deutscher Mann erwarten darf und was nicht in Kapitel 5 und 6 näher widmen.

Zusammenfassend lässt sich sagen, dass russische Frauen einen Versorger und keinen Entertainer-Typ suchen. Das bedeutet im Umkehrschluss, dass Männer, die im Westen als „langweilig" oder „nicht sexy" gelten, im Osten eine attraktive Wahl darstellen können sofern sie die entsprechenden Ernährer-Qualitäten mitbringen. Oder anders ausgedrückt, es könnte sein, dass du, lieber männlicher

Leser, noch Luft nach oben hast was die Wahl deiner Traumfrau betrifft, sofern du es wagst, einen Blick über den Tellerrand Deutschland zu werfen. In diesem Fall solltest du damit aufhören, dich unter Wert zu verkaufen und dich den Frauen widmen, die dich wirklich schätzen.

## 4.3.2.2. Frauenüberschuss im Osten

In Kapitel 3.5 bin ich bereits auf das Thema Männerüberschuss eingegangen; im Besonderen darauf, inwieweit dieser deinen Marktwert und damit deine Chancen beim anderen Geschlecht beeinflusst. In Deutschland gibt es keinen extremen, aber dennoch deutlichen Männerüberschuss, der bis ins hohe Alter von 50 Jahren andauert[84]; d.h. bis zu diesem Zeitpunkt dürfen Frauen auf dem Partnermarkt – rein von den Zahlen her – wählerischer sein als du, lieber männlicher Leser. Nun stellt sich die berechtigte Frage, wie es in dieser Hinsicht um das größte Land der Erde steht. Was ist dran am Gerücht, dass es in Russland einfach zu viele Frauen gibt (und diese deswegen auf Männer aus dem Ausland angewiesen wären). Um eine Antwort auf diese Frage zu finden, werfen wir doch einfach einen Blick auf ein paar Zahlen zur Bevölkerungsstruktur in Russland:

| Alterskategorie | Männer | Frauen |
|---|---|---|
| 0-4 | 4,2 Mio. | 3,9 Mio. |
| 5-9 | 4,9 Mio. | 4,6 Mio. |
| 10-14 | 4,2 Mio. | 4,0 Mio. |
| 15-19 | 3,7 Mio. | 3,6 Mio. |
| 20-24 | 3,4 Mio. | 3,3 Mio. |
| 25-29 | 4,4 Mio. | 4,2 Mio. |
| 30-34 | 6,3 Mio. | 6,2 Mio. |
| 35-39 | 6,0 Mio. | 6,1 Mio. |
| 40-44 | 5,3 Mio. | 5,6 Mio. |
| 45-49 | 4,8 Mio. | 5,2 Mio. |
| 50-54 | 4,2 Mio. | 4,7 Mio. |
| 55-59 | 4,4 Mio. | 5,4 Mio. |
| 60-64 | 4,3 Mio. | 6,0 Mio. |
| 65-69 | 3,3 Mio. | 5,2 Mio. |
| 70-74 | 2,2 Mio. | 4,0 Mio. |
| Über 75 | 2,3 Mio. | 6,2 Mio. |

Tabelle 2: Anzahl von Männern und Frauen nach Alterskategorie in Russland (2021)[85]

Zunächst fällt auf, dass in Russland (wie auch im Rest der Welt) im Durchschnitt mehr Männer als Frauen zur Welt kommen. Die slawischen Gene verhalten sich hier nicht anders als die der Menschen anderer Länder. Man spricht in diesem Zusammenhang auch vom „natürlichen Männerüberschuss", den die Natur aus unbekannten Gründen vorgesehen hat und der viel Raum für wissenschaftliche Spekulationen zulässt. Eine umstrittene Theorie besagt, dass dieser der höheren Sterblichkeit des starken Geschlechts entgegenwirken soll, damit im fruchtbaren Alter ein ausgewogenes Geschlechterverhältnis vorherrscht[86]. Dieser Denkansatz scheitert zumindest an der Praxis in Deutschland, wenn nicht den meisten westlichen Industrienationen, wo die Männersterblichkeit in den letzten Jahrzehnten merklich zurückgegangen ist[87]. Anders verhält es sich für Russland, denn in diesem Punkt sind wir endlich an des Rätsels Lösung angelangt.

Eine Tatsache sticht aus Tabelle 2 hervor, zumindest wenn man sein Augenmerk auf die Altersklasse 35–39 richtet. In dieser stellen die Frauen zum ersten Mal die Mehrheit und damit rund 15 Jahre früher als in Deutschland. Aus diesem Grund ergibt sich insgesamt auch ein höherer Frauenüberschuss für Russland. Dieser lässt sich also nicht durch Geburten, sondern durch die sehr geringe Lebenserwartung der Männer begründen. Diese „Dysbalance" der Geschlechter ist in Russland jedem bekannt und wird auch von der Regierung in Moskau als ernstes demographisches Problem wahrgenommen. In vielerlei Hinsicht assoziieren Wissenschaftler sie mit der harten körperlichen Arbeit der Männer, aber auch Faktoren wie ein gesundheitsschädigender Lebensstil, der Militärdienst und sogar genetische Eigenschaften werden diskutiert. Es wurde ebenso herausgefunden, dass es sich dabei um ein landesweites Problem handelt, welches alle russischen Regionen auf dieselbe Weise betrifft[88].

Es ist ziemlich offensichtlich, dass die Abwesenheit von Männern sich irgendwann in den Frauen widerspiegelt, die in bestimmten Lebensphasen

108

anfangen, diesen Mangel zu fühlen. Er wird vor allem ab dem 30. Lebensjahr spürbar. Wer es bis dahin nicht geschafft hat einen Mann sein Eigen zu nennen, wird es mit zunehmender Wahrscheinlichkeit auch später nicht mehr tun. Vor diesem Hintergrund erklärt sich endlich der harte Konkurrenzkampf, den die Frauen schon in frühen Jahren führen müssen (umgekehrt sind sie dann ganz erstaunt, wie unbeschwert es sich in dieser Hinsicht in Deutschland leben lässt). Die Männer können sich hingegen entspannt zurücklehnen, denn unter solchen Voraussetzungen sind natürlich sie es, die „wählen" dürfen.

Um das Interesse des starken Geschlechts zu wecken, müssen die Frauen dagegen ihre Reize maximal ausspielen. Wer jetzt böse Vorurteile im Kopf hat sollte wissen, dass es ihnen nicht darum geht, möglichst viele sexuelle Erfahrungen zu sammeln, sondern einen Mann fürs Leben zu finden (was sie von deutschen Frauen in ihren 20er Jahren unterscheidet und die Unterstellung ad absurdum führt). Im hart umkämpften russischen Partnermarkt müssen Frauen schlichtweg aggressiver flirten, um am Ende nicht leer auszugehen. Der ein oder andere weiß was ich meine, man(n) bekommt in Osteuropa, gerade in Russland und der Ukraine (wo der Frauenüberschuss besonders ausgeprägt ist) mehr „Blickkontakt". Ich kann dir, lieber männlicher Leser, diese Erfahrung nur nahelegen, allein um nachempfinden zu können, wie es sich als Frau in Deutschland anfühlen muss.

Zusammenfassend kann also gesagt werden, dass Russland unter einem demographischen Problem in Form eines ungleichen Geschlechterverhältnisses leidet. Aber genau diese Tatsache macht es (u.a.) aus Sicht eines deutschen Mannes interessant, die Brautschau gen Osten zu verlagern. Allein von den Zahlen her wird man(n) dort mehr „Auswahl" haben, was in der Praxis die Chance auf „etwas Besseres" bedeutet. Der gesamte Dating-Prozess wird sich angenehmer gestalten, da du, lieber männlicher Leser, mit einem besseren Marktwert auftreten kannst. Last but not least kannst du, speziell als westlicher Ausländer, damit punkten, dass du aus einem Umfeld stammst, in welchem du dir die Zuneigung des schönen Geschlechts immer hart erarbeiten musstest. Während sich in Deutschland v.a. die Männer im Fitnessstudio abrackern, sind es in Russland die Frauen, die den Körperkult leben (müssen)[89]. Soll heißen, als deutscher Mann und unfreiwilliger Fan des freien Wettbewerbs, kannst du endlich mit dem glänzen, was dir hierzulande nur gereicht hat, um mithalten zu können (mehr dazu im nächsten Kapitel).

Für manche ist das zu einfach, sie empfinden es als falsch diesen einfacheren Weg zu gehen. Wenn ich allerdings zwei Inseln zur Auswahl hätte, eine mit vielen Männern und eine mit vielen Frauen, dann wäre es für mich nur dämlich auf ersterer mein Liebesglück zu suchen, aber das ist natürlich alles Ansichtssache (bzw. man(n) sollte sich seinen Stolz für etwas sinnvolleres aufheben).

## 4.3.2.3. Iwan der Schreckliche

Gegen Ende des letzten Kapitels kam ich auf das Thema russische Männer zu sprechen. So komisch es klingt, auch sie können ein Grund sein, warum so manche russische Frau ihren Blick gen Westen wendet. Und selbst wenn sie es nicht tut, wird es dir, lieber männlicher Leser, unter Umständen leichtfallen, sie für diese Möglichkeit zu begeistern. Zumindest wäre es nachvollziehbar, wenn folgende Zahlen der Wahrheit entsprechen (was sie laut Meinung meiner Frau definitiv tun).

Einer Statistik des Online-Magazins „vawilon" zur Folge, betrügen rund 75% der russischen Ehemänner ihre Ehefrauen, was von Letzteren scheinbar häufig toleriert wird, da die Scheidungsrate in Russland „nur" bei rund 50% liegt[90]. Das ist extrem und zeigt die hässliche Seite des Männermangels. Gewiss wird sich keine der betroffenen Frauen darüber freuen, wenn sich ihr Liebster ein „junges Ding zum Spaß" anlächelt. Doch was soll sie tun, wenn – was das Fremdgehen betrifft – kaum einer besser ist als der andere. In der bereits erwähnten Umfrage des Lewada-Instituts aus dem Jahr 2018 äußerten nur rund ein Viertel der befragten russischen Männer, dass sie bei ihrer Partnerwahl auf die Intelligenz einer Frau Wert legen würden. Am wichtigsten sei, dass Letztere gut aussähen und sich um den Haushalt kümmerten.[91]

Jetzt wird der ein oder andere denken, dass hier eben eine ähnliche Emanzipation der Gesellschaft wie wir sie im Westen durchlebt haben nötig sei (ganz nach dem Motto: „an unserem Wesen soll die Welt genesen"). Der Gedanke liegt nah, lenkt aber vom eigentlichen Problem ab und würde an der Situation wenig ändern (weswegen westliche Ideen bei den Russen auf taube Ohren stoßen bzw. mehr dazu im nächsten Kapitel). Als Wurzel allen Übels wird von den Frauen der Männermangel genannt und damit kommen wir der Wahrheit schon um einiges näher.

Nehmen wir einfach wieder unser schon so oft erwähntes Inselbeispiel, um dem Außenstehenden die Verhältnisse in Russland etwas näher zu bringen. Lieber (männlicher) Leser, stell dir vor es gibt zwei Inseln. Auf einer müsstest du dir eine Frau mit zehn Männern und auf der anderen müssten sich zehn Frauen einen Mann, nämlich dich, teilen. In welchem der beiden Fälle würdest du dem schönen Geschlecht mehr Respekt zollen? Ich kann dir garantieren, dass du es im ersten Fall tun wirst, da du dir bei der harten Konkurrenz kein Fehlverhalten leisten kannst (sofern du auch mal „zum Stich kommen" willst versteht sich)[92]. Ganz anders sieht es auf Insel Nummer zwei aus, denn hier hast du keine Konkurrenz, sondern kannst wählen. Ob du deine aktuelle Freundin gut oder schlecht behandelst ist einerlei, letztlich wird sie dich so akzeptieren müssen wie du bist, weil ansonsten schon neun andere Frauen um dich Schlange stehen. Selbst wenn es sich um zwei Extrembeispiele handelt, so ähnelt Deutschland eher der ersten und Russland eher der zweiten Insel. Wer wählen kann, hat Macht. Den moralischen Zeigefinger kann der Deutsche stecken lassen, ich bezweifle, dass er sich in der Situation des russischen Mannes anders verhalten würde.

In Kapitel 4.3.2.1 habe ich erwähnt, dass russische Frauen viel Wert auf den Anstand eines Mannes legen. Jedem sollte nun klar sein, woher dieser Wunsch kommt: er beruht auf schlechten Erfahrungen. Aus demselben Grund trinken viele slawische Schönheiten auffallend selten Alkohol. Obwohl der Alkoholismus in den letzten Jahren enorm zurückgegangen ist[93], gibt es immer noch viele russische Männer, die es mit ihrer Liebe zum Wodka übertreiben[94].

Da der Wettbewerbsdruck um die Gunst der vielen Frauen komfortabel ist, verleitet das viele Vertreter des starken Geschlechts dazu, sich gehen zu lassen. Dergleichen könnten sich die meisten deutschen Männer nicht leisten. Das hiesige Umfeld ist rauer, die Auswahl kleiner; umso mehr muss man(n) selbst bieten können, um eine Frau für sich zu begeistern. Doch genau darin kann für dich, als westlicher Ausländer, ein Vorteil bestehen.

Auch wenn du dir dessen nicht bewusst bist (weil es dir in deiner Heimat eben nur zum mithalten reicht), hast du dich in all den Jahren selbstoptimiert. Nichts anderes passiert, wenn starker Wettbewerb herrscht (und man mithalten will). Das kann ein Vorteil sein, muss aber nicht. Die entscheidenden Schlüsselwörter lauten „Selbstbewusstsein" und „Selbstwertgefühl". Denn genau darin liegt die Stärke von russischen Männern. Sie sind sich ihres Marktwerts durchaus bewusst und werden von den Frauen dafür respektiert. Hingegen sind viele westliche Männer heute tief verunsichert. Diese Selbstzweifel sind meist völlig unberechtigt. Ich hoffe, ich kann dem ein oder anderen mit diesem Buch Mut machen.

## 4.3.2.4. Pussy Riot

Wie steht es eigentlich um den Feminismus in Russland? Ich habe die Antwort bereits an mehreren Stellen in diesem Buch vorweggenommen: Er steht eigentlich nicht zur Debatte. Jedenfalls nicht in der Form, wie hierzulande über das Thema diskutiert wird. Nach einer Studie der Seite „Anketolog.иом" welche im Zuge der „MeToo"-Debatte 2018 durchgeführt wurde, sehen fast alle russischen Männer in „Feminismus" etwas negatives, aber auch mehr als die Hälfte der Frauen tun das[95]. Das ist verwunderlich, denn sollten nicht gerade Letztere von einem Umdenken in der Gesellschaft profitieren?

Nun zunächst muss gesagt werden, dass man unter „Feminismus" in Russland oft eine westliche Idee versteht. „Na und" fragst du dich? Wer denkt, wir Deutschen sind mit unserer Art zu leben das „Non plus Ultra" und im Grunde will jeder auf der Welt so sein wie wir, den muss ich leider enttäuschen. Sicher, die westlichen Industriestaaten garantieren ihren Bürgern ein hohes Niveau an Wohlstand und Freiheit. Viele Menschen aus dem „Rest der Welt" beneiden uns um diesen Lebensstandard. Bei allem, was uns sonst noch so ausmacht, findet die Wertschätzung jedoch schnell ein Ende. Nur wenige können mit unserem Traum von der individuellen Selbstverwirklichung etwas anfangen. Viele Ausländer vermissen dabei die Wertschätzung von Familie und Tradition, also einen gemeinsamen Konsens in der Gesellschaft, dass diese Dinge wichtig sind (denn so kennen sie es aus ihrer Heimat). Unser Freiheitsbegriff bleibt für sie oft etwas Abstraktes, den sie im Zweifel sogar ablehnen, wenn er ein althergebrachtes Ideal, wie das der traditionellen Familie aus ihrer Sicht abwertet[96].

Man spricht hierzulande dann von Integrationsverweigerung, wenn Deutschtürken, aber im Grunde auch Russlanddeutsche und viele andere ethnische Minderheiten, lieber „unter sich" bleiben. Wenn diese dann auch noch einen „Despoten" wie Erdogan oder Putin huldigen, sehen viele das als Ablehnung unserer Werte. Die Empörung könnte man sich sparen, wenn die Einwanderungsdebatte (von allen politischen Lagern) weniger ideologisch geführt werden würde. Denn auch wenn das den einen oder anderen Leser schockieren wird, ist es eben so, dass Menschen nicht gleich sind und auch nie sein werden. „Die ticken anders" ist ein Synonym dafür, dass Ausländer oft einen anderen kulturellen Hintergrund haben, der diese in ihrer Mentalität von uns („Bio")-Deutschen unterscheidet.

Der Feminismus ist Teil der westlichen Mentalität und existiert auch deswegen nur im Westen. Ein jeder der denkt, es handle sich dabei um eine Art „Weltrevolution" wird am Ende an dieser Idee verzweifeln (oder wie war das mit dem „Demokratie-Export" in den Nahen Osten?). „Andere Länder, andere Sitten" bedeutet eben auch, dass andere Ideale hochgehalten werden und diese müssen sich nicht zwingend mit dem decken, was wir gut und richtig finden. Der Feminismus wird abgelehnt, weil russische Frauen etwas anderes unter ihren Rechten verstehen und diese auch auf ihre eigene Art und Weise erkämpfen möchten. Z. Bsp. ist der Wunsch eine Familie zu gründen größer als der Karriere zu machen. Das bedeutet nicht, dass russische Frauen keinen Sinn für die Selbstverwirklichung in einer Arbeit hätten, nur sind die Prioritäten einfach anders gesetzt.[97]

Dem liegt zu Grunde, dass in Russland (sowie generell außerhalb der westlichen Hemisphäre) unser Ideal der Gendergleichheit abgelehnt wird. Das bedeutet letztlich, dass die traditionellen Rollen des Ernährers und der Mutter nicht als etwas „rückwärtsgewandtes" gesehen werden, sondern akzeptiert werden in dem Sinne, dass die Natur uns eben mit gewissen geschlechterspezifischen Eigenheiten ausgestattet habe. Und so kommt es, dass genauso wie wir über die Verhältnisse in Russland den Kopf schütteln, es die Menschen dort über uns genauso tun. Um es auf den Punkt zu bringen, außerhalb des Westens gelten wir nicht nur als wohlhabend, sondern z. Bsp. in Asien oft als „dekadent, arrogant und faul"[98]. Dieser Sicht der Dinge mag man widersprechen oder nicht, letztlich bleibt festzuhalten, dass Menschen nicht alle gleich sind. Es gab in der Geschichte immer verschiedenste Kulturen und so wird es auch in Zukunft sein. Diese Erkenntnis ist wichtig, um russische Frauen (oder Ausländer im Allgemeinen) verstehen zu können.

Nun bleibt die Frage, wie können russische Frauen so ganz ohne Feminismus für ihre Rechte kämpfen? Dazu müsste zunächst geklärt werden, was man unter einem „Recht" versteht. Wenn darunter Privilegien in der Arbeitswelt gemeint sind, ähnlich den hierzulande eingeführten Quoten-Regelungen, dann muss ich den Leser enttäuschen, denn diese gibt es in dieser Form nicht in Russland. Was auch nicht nötig ist, denn der Frauenanteil in den Führungsetagen der Wirtschaft beträgt 43% und ist damit nicht nur höher als in Deutschland (wo dieser nur 14% beträgt), sondern der höchste weltweit[99]. Wie kann das sein? Es wird den ein oder anderen überraschen, doch Russland ist heute ein sehr unternehmerfreundliches Land mit sehr vielen jungen Frauen, die Unternehmer sein wollen und ein solches gründen (ganz anders als in Deutschland, wo Start-Ups zum Großteil „Männersache" sind). Wir alle kennen Jeff Bezos, den reichsten Mann der Welt und CEO von Amazon oder vielleicht sogar Jack Ma, einen sehr reichen Chinesen und Gründer von Alibaba. Wer hätte gedacht, dass der größte Online-Retailer Russlands, nämlich Wildberries, von Tatjana Bakalchuk, d.h. einer heute sehr reichen russischen Frau geführt wird, welche diesen aus dem Nichts geschaffen hat. Sie tat dies im Übrigen nicht, weil sie dafür auf Kinder und Familie verzichtet hätte, denn sie ist vierfache Mutter.

Die vielen weiblichen Unternehmer Russlands finden sich v.a. in „weiblichen Domänen" wie Fitnessstudio- oder Kaffeehausketten, während das Öl- und Gasgeschäft eher den Männern überlassen wird. Vielleicht entspricht das nicht dem Gleichheitsgedanken der Genderphilosophen. Fakt ist jedoch, dass es in Russland eine Unternehmerkultur gibt, an der auch Frauen teilhaben, während im Westen McFit, Starbucks oder Zalando von Männern gegründet und geführt werden. Und das, obwohl die russische Gesetzgebung in keiner Weise unserem Gleichheitsideal entspricht. Viele Berufszweige sind für Frauen sogar verboten und so müssen weibliche Holzfäller zur Erfüllung ihrer Karriereträume gen Westen auswandern. Dafür genießt das zarte Geschlecht z. Bsp. das Privileg, rund fünf Jahre früher in Rente gehen zu dürfen als es Männern gestattet ist[100]. Alle genannten Punkte würden in Deutschland eine Gerechtigkeitsdebatte auslösen. Aber in Russland sind die Geschlechterrollen eindeutig definiert und es stört sich auch niemand daran. D.h. niemand empfindet diese Verhältnisse als ungerecht, weswegen unser Verständnis von Feminismus dort keinen Anklang findet.

Letzteres setzt immer das Ideal der Gendergleichheit voraus, doch russische Frauen lieben es, ihre Weiblichkeit zu betonen. Sie setzen lieber die Qualitäten ein, welche ihnen die Natur mitgegeben hat, anstatt den Männern nachzueifern[101]. Und so wie sie ihre Schönheit als Waffe zu nutzen wissen, lebt auch das starke Geschlecht seine Männlichkeit in vollen Zügen aus. Wenn der russische Präsident mit nacktem Oberkörper durch die Prärie reitet, mag das auf uns Deutsche verstörend wirken, anderswo interpretiert man dieses Gehabe aber als Stärke. Wäre dem nicht so, würde er sich – gerade als Politiker – nicht derart in Szene setzen.

Die meisten von uns betrachten derartige Verhältnisse als etwas „rückständiges", dass wir bereits überwunden haben. Die großen Philosophen unserer Zeit, allen voran die Medien, sehen in den „patriarchalischen" Zuständen in Russland gar einen schlechten Einfluss, der unsere eigene Entwicklung hin zu einer genderneutralen Gesellschaft bremsen könnte[102]. Und so freut man sich hierzulande über jedes Zeichen einer rebellischen Auflehnung gegen die herrschenden Verhältnisse im slawischen Großreich.

Ein prominentes Beispiel aus der jüngeren Vergangenheit ist die Band „Pussy Riot", die durch eine unkonventionelle (sowie illegale) Punkrock-

Performance in der berühmten russisch-orthodoxen Christ-Erlöser-Kathedrale für Schlagzeilen sorgte. In Deutschland war vom „Frauenaufstand gegen Putin" die Rede[103], die „altbackene" Ordnung im Osten schien zu bröckeln. Leider handelte es sich dabei nur um die westliche Sicht der Dinge. Denn während Pussy Riot von den hiesigen Medien als „Aktivisten" gefeiert wurden, war der russischen Bevölkerung so gar nicht nach Aufbruchsstimmung. Da sich heute wieder sehr viel mehr Menschen in Russland zur Kirche bekennen als es zu Zeiten der Sowjetunion der Fall war, sah man das Verhalten der Band weder als „cool", noch in irgendeiner Form als „fortschrittlich" an. Selbst unter Atheisten wurde der Auftritt als respektloser Akt und Angriff auf die eigene Identität gesehen, der als so unglaubwürdig empfunden wurde, dass gar von einer „westlichen Inszenierung" die Rede war. Als die Band Pussy Riot drei Monate vor Ende ihrer offiziellen Haftdauer von zwei Jahren vom Präsidenten persönlich begnadigt wurde, waren sich die westlichen Medien schnell einig, dass er dem Druck der Jugend nachgeben musste („Pussy Riot kapitulieren nicht: Jetzt fängt alles erst an"[104]). Tatsächlich war es eher ein PR-Gag für die Olympischen Winterspiele in Sotschi welche bevorstanden, ginge es nach dem Willen der russischen Bevölkerung, wären die angesetzten zwei Jahre Lagerhaft für die drei jungen „Aktivisten" durchaus angemessen gewesen. Laut einer Umfrage der

Webseite „Interfax" äußerten weniger als 1% der befragten Russen Unterstützung für die Aktionen von Pussy Riot[105]. Soviel also zum Thema feministische Aufbruchsstimmung in Russland.

Russische Frauen sind keine „Emanzen", nur macht es sie deswegen zu einer besseren Partnerin? „Jein", denn diese Frage lässt sich nicht für jedermann gleich beantworten (das soll Thema von Kapitel 5.3 sein). Was allerdings positiv hervorzuheben ist, dass russische Frauen eher wissen, was sie wollen, was man(n) von ihren deutschen Geschlechtsgenossinnen weniger behaupten kann. Während Letztere sich oft nicht zwischen Karriere und Kinder entscheiden können, sind russische Frauen in dieser Hinsicht berechenbarer. Soll heißen man(n) weiß eher „woran man ist" und erlebt am Ende weniger böse Überraschungen. Wenn du, lieber männlicher Leser, mal wieder mit einem „Sry, aber ich brauch doch noch etwas mehr Zeit für mich. Ich bin mir sicher, du findest eine, die dir das geben kann was du suchst" abserviert wirst, dann solltest du dieses Mal den Ratschlag ernst nehmen. Das gute ist, du weiß jetzt wo du eine verlässliche Partnerin finden wirst.

## 4.3.2.5. Der russische Wertekompass

Die Familie hat in Russland einen höheren Stellenwert, diese Tatsache wurde nun schon mehrfach genannt. In diesem Kapitel soll dieser Aspekt noch etwas genauer beleuchtet werden, denn er hat einen enormen Einfluss auf das Selbstverständnis der Geschlechter in einer Partnerschaft. In diesem Sinne kann das Folgende auch als eine Ergänzung zum letzten Kapitel gesehen werden. Wir haben bereits festgestellt, dass Gendergleichheit ein westliches Ideal ist, eine Lebensphilosophie, die den Zeitgeist repräsentiert, der heute im Westen vorherrscht. Deutsche Frauen suchen demnach ihre Selbstverwirklichung immer weniger in der Familie, dafür umso mehr in der eigenen Karriere, können aber auch auf eine Vielzahl an Hobbies zurückgreifen, die mittlerweile ein „erfülltes" Leben auf verschiedensten Wegen möglich machen.

Diese Vielfalt der modernen Welt steht auch russischen Frauen zur Verfügung und wird von diesen (auf den ersten Blick) ebenso genutzt wie hierzulande. Nach der Arbeit noch einen Yoga-Workshop zu besuchen, ist in Moskau genauso „normal" wie in Berlin. Und auch im Urlaub will man möglichst viel von der Welt sehen. Die neuen Erfahrungen werden dann über „Instagramm" oder dessen russischem Pendant „В Контакте" (vk.com) ausgetauscht. Und wer einmal in einer Marschrutka, den russischen Kleinbus-Sammeltaxis, mitgefahren ist, sieht dort sogar mehr I-Phones in den Händen junger Menschen glitzern, als das z. Bsp. in Deutschland der Fall ist. Ost und West scheinen sich also zumindest teilweise darin einig zu sein, was „das Leben genießen" bedeutet.

Der entscheidende Unterschied ist nun allerdings der, dass mit dieser Lebensweise in Russland eigentlich nur ein Lebensabschnitt gemeint ist. Danach, und das ist in der Regel bereits Mitte zwanzig, wird geheiratet und das erste Kind großgezogen[106]. In Deutschland wartet man (und hier meine ich beide Geschlechter) bis dreißig, wenn die Umstände dann einen passenden Partner hergeben, wird geheiratet und wenn es die Natur dann noch zulässt ein Kind gezeugt. Jedoch bleibt die Devise „alles kann, nichts muss", wenn das Baby zu viele Umstände macht, dann tut's auch eine Katze (Abbildung 5).

Im Durchschnitt ist eine russische Mutter bei ihrem ersten Kind 25 Jahre[107], eine deutsche 30 Jahre alt[108]. Wer jetzt meint, diese Diskrepanz lässt sich im zweiten Fall durch das längere Studium begründen, den muss ich daran erinnern, dass es auch in Russland einen „Trend hin zur Uni" gibt[109]. Der Unterschied ist vielmehr, dass deutsche Frauen mit ihrem Hochschulabschluss auch tatsächlich arbeiten bzw. „Karriere machen" wollen, während dieser bei russischen Frauen nur eine Art Versicherung darstellt, die ihren Lebensunterhalt sichern soll, falls sie auf dem Partnermarkt leer ausgehen soll-ten. In die Arbeitswelt stürzen sich letztere dann oft erst, wenn der schwierigste Teil der Kindererzie-hung überstanden ist. Also in einem Alter in dem ihr deutsches Pendant zum ersten Mal eine Lücke im Lebenslauf in Erwägung zieht.

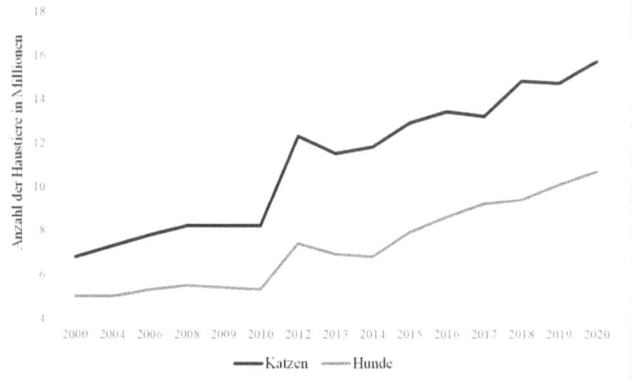

**Abbildung 5: Anzahl von Katzen und Hunden in deutschen Haushalten in den Jahren 2000 bis 2020** (in Anlehnung an [110])

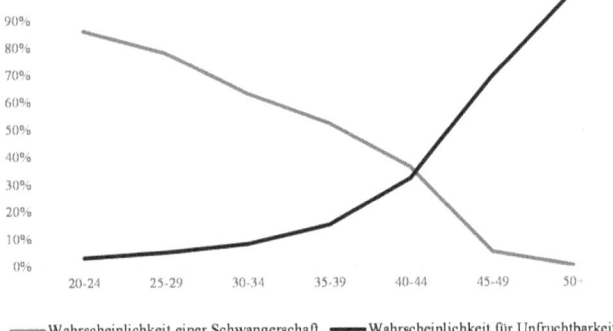

| | | | | | | |
|---|---|---|---|---|---|---|
| 100% | | | | | | |
| 90% | | | | | | |
| 80% | | | | | | |
| 70% | | | | | | |
| 60% | | | | | | |
| 50% | | | | | | |
| 40% | | | | | | |
| 30% | | | | | | |
| 20% | | | | | | |
| 10% | | | | | | |
| 0% | | | | | | |
| | 20-24 | 25-29 | 30-34 | 35-39 | 40-44 | 45-49 | 50 |

━━ Wahrscheinlichkeit einer Schwangerschaft    ━━ Wahrscheinlichkeit für Unfruchtbarkeit

**Abbildung 6: Auswirkungen des Alters einer Frau auf ihre Fruchtbarkeit** (in Anlehnung an [111])

Das Hinauszögern von Karriere oder Kindern birgt das Risiko in sich, dass beides später nicht mehr „klappt". In beiden Fällen wird das ein oder andere in Kauf genommen, und zwar aus dem einfachen Grund, weil die jeweils andere Sache als wichtiger erachtet und deswegen vorgezogen wird. Wem das nicht logisch vorkommt, den verweise ich gerne noch einmal auf Abbildung 2 in Kapitel 3.4. Halten wir also fest, dass für russische Frauen (bzw. in Russland ganz allgemein) die Familie einen viel höheren Stellenwert hat.

Ich habe im letzten Kapitel bereits erläutert, dass Gendergleichheit kein Erklärungsmodell für die ganze Welt sein kann und es sich dabei (zumindest in der Form wie wir es kennen) um ein westliches Phänomen handelt. Im Grunde habe ich damit nur

126

gesagt, dass in Russland ein anderer Zeitgeist herrscht. Dieser umfasst andere Ideale, die ich nicht grundsätzlich als besser bezeichnen würde[112], unter denen ich aber zumindest den Wert der Familie zu schätzen gelernt habe. Bevor ich darlege, wieso ich das tue, soll geklärt werden, woher dieses Ideal eigentlich kommt (und warum es im Westen an Wert verliert).

Von vielen Staatenlenkern wurde die Familie seit jeher als „Keimzelle der Gesellschaft" bezeichnet, denn wo es Kinder gibt, da gibt es Zukunft. So sieht man es auch heute noch in den meisten Teilen der Welt, allein im Westen ist dieser Standpunkt diskussionswürdig geworden und wird in dieser Form nur noch von den sog. „Konservativen" vertreten. So wurde die Familie in den 68er-Jahren auch schon als „Keimzelle des Faschismus" bezeichnet und in der Folge zu einem Lebensmodell degradiert, also einer Variante, die wir nun klassische Familie nennen. In Russland ist sie nach wie vor die Norm der Dinge und der Staatsapparat (womit auch die Medien gemeint sind) tut alles in seiner Macht, das dem so bleibt. Dabei kann er sich auf die Unterstützung seiner Bevölkerung verlassen, die dafür über das ein oder andere Problem hinwegsieht (Oligarchentum, Korruption etc.).

Der „Schutz der Familie" wird weniger von oben (auch wenn der Staat natürlich eine hohe Geburtenrate im Sinn hat) als von unten gefordert. Es sind die einfachen Leute, die es so wollen und das nicht ohne Grund. Das Verhältnis zwischen Zar und Volk ist seit jeher ambivalent. Zum einen schätzt man die harte Hand des Staates, welche die endlosen Weiten zähmen soll, zum anderen traut man den Mächtigen nicht sonderlich über den Weg. 89% der Russen denken, dass sie keinerlei Einfluss auf die Verhältnisse im Land haben und mehr als 84% lehnen es ab, dafür die Verantwortung zu übernehmen.[113] Während die Politik abstrakt und unverstanden bleibt, ist die Familie eine soziale Einheit, mit der jedermann etwas anfangen kann. Hier fühlt der russische Bürger nicht nur seine volle Verantwortung, er duldet auch keinerlei Störung und versucht diesen privaten Raum zu bewahren.

Aber nicht nur der Staat hat sich den Schutz der Familie auf die Fahnen geschrieben. Der Zusammenbruch der Sowjetunion hinterließ ein geistiges Vakuum, welches nun von der russisch-orthodoxen Kirche gefüllt wird. Wurde das religiöse Leben im Kommunismus noch unterdrückt, so wird es jetzt von den Herrschenden wieder gern gesehen und gefördert. In Russland werden im Durchschnitt pro Tag drei neue Kirchen gebaut, was natürlich auch mit deren Zerstörung zu Sowjetzeiten zu tun hat, aber trotzdem eine imposante Zahl ist[114]. Auch glauben heute wieder fast 60% an die Existenz Gottes, während es 1991 nur 30% waren[115]. Wenngleich dieses Bekenntnis nicht von jedem aktiv gelebt wird, sind die Kirchen wieder gut besucht und nicht vergleichbar mit den verstaubten Gemäuern hierzulande. Nach dem Fall des Eisernen Vorhangs hatten sich Ost und West kurz angenähert nur um dann festzustellen, nicht füreinander geschaffen zu sein. Anders lässt sich nicht erklären, warum Russland eine Art „konservative Renaissance" erlebt, während man im Westen die Familie zu einer „Variante" verklärt. Letztlich bleibt (mal wieder) festzuhalten, dass Menschen eben nicht alle gleich sind, was speziell für Russland bedeutet, dass Mutterschaft für die dortigen Frauen einen höheren Stellenwert hat, als wir es von den hiesigen Frauen gewohnt sind.

Die entscheidende Frage für dich, lieber (männlicher) Leser, wird jetzt sein, inwieweit diese Tatsache eine Brautschau im Osten interessant macht. Am Ende lässt sich diese Frage freilich nicht für jeden gleich beantworten und natürlich ist für den ein oder anderen der Mentalitätsunterschied zu groß für eine gemeinsame Basis (weswegen ich diesem Thema das nächste große Kapitel gewidmet habe). Meiner Meinung nach ist es aber so, dass Männer, die eine feste und ernste Partnerschaft im Sinn haben, für diese Ehrlichkeit im Osten eher mit Treue belohnt werden als im Westen. Und in dieser Hinsicht sind eben auch althergebrachte Werte von Bedeutung. Sie zeigen sich erst dann, wenn die

Schmetterlinge im Bauch ausgeflogen sind (und das passiert in jeder Liebesbeziehung ab einen gewissen Zeitpunkt). An diesem Punkt wird nicht jede Frau an der Partnerschaft festhalten und diese zu etwas größerem weiterentwickeln. Die Chancen dafür sind aber sicherlich höher, wenn sie von einer Familie träumt, als wenn sie ihre Unabhängigkeit wahren will. Ersteres erfordert Zusammenhalt, Letzteres nicht.

Und auch wenn wir uns im Westen als intelligent und fortschrittlich wähnen, wird mir selbst der ein oder andere Atheist zustimmen, dass für Frauen, denen die Ehe wortwörtlich heilig ist, das Thema Treue einen höheren Stellenwert hat[116]. Wem das alles spießig oder „langweilig" vorkommt, dem kann ich letztlich auch nicht helfen, nur sollte er diese Dinge nicht mit Prüderie gleichsetzen. Jeder der schon einmal das Vergnügen hatte wird mir beipflichten, dass russische Frauen sehr wohl wissen was guter Sex bedeutet (was ich sogar statistisch belegen könnte, aber aus Gründen des Anstands hier nicht tun möchte). Von was ich spreche, ist der Sinn für Treue und sonst nichts. Wer diesen hat, dem kann ich den Blick nach Osten nur wärmstens ans Herz legen.

### 4.3.3. Resümee

Ich habe verschiedene Aspekte genannt, die den Partnermarkt Russland für viele deutsche bzw. westliche Männer interessant machen. Man(n) trifft dort auf andere, als die gewohnten Verhältnisse, was natürlich Chancen eröffnet, wenn man(n) in der Heimat nicht das bekommt, was man(n) will. Also worauf warten die Herrschaften dann noch? Wieso verschwenden sie ihre Zeit an Frauen, bei denen sie für eine „fünf" kämpfen müssen, wenn anderswo eine „sieben" um sie Schlange stehen würde.

Das ist leichter gesagt als getan. Denn auch wenn ich verschiedene Gründe genannt habe, warum sich der Blick nach Osten für viele Männer lohnen wird, so werden am Ende trotzdem die meisten nicht in den Flieger nach Moskau steigen und den Sprung ins Ungewisse wagen. Warum ich das weiß? Weil wir Menschen leider Gewohnheitstiere sind und alles, was wir nicht kennen, erst einmal misstrauisch beobachten.

Das beste Beispiel ist die Berufswelt. Ich habe in meinem Leben schon dreimal den Arbeitgeber gewechselt, bis ich nun endlich bei einem Unternehmen angekommen bin, bei dem ich das höchstmögliche Gehalt bei der Berufstätigkeit meiner Wahl erhalte. Was daran besonders sein soll? Die meisten Menschen tun genau das eben nicht, obwohl sie alle Möglichkeiten dazu hätten. Sicherlich, manch einer hat sich bereits häuslich niedergelassen oder er hat andere nachvollziehbare Gründe, weswegen er keinen besseren Job in einer anderen Gegend annehmen kann. Aber oft ist es einfach nur die Angst vor dem Ungewissen, d.h. der potenzielle Verlust des Gewohnten (Freundeskreis, etc.), der viele vor einen neuen Arbeitgeber zurückschrecken lässt. Tatsächlich kenne ich genug Beispiele, die nicht einmal den Wohnort wechseln müssten, da es in ihrer Gegend bereits genug andere Firmen geben würde, für die sie arbeiten könnten. Warum tun sie es also nicht einfach[117]?

Das Hauptargument dürfte sein, dass sie sich in ihrer gegenwärtigen Arbeit „einfach wohl fühlen". Dagegen ist überhaupt nichts einzuwenden, nur sagen sie damit meist auch implizit aus, dass sie z. Bsp. so „tolle Kollegen" nirgendwo sonst zu finden glauben. Und natürlich können sie damit auch insoweit Recht haben, als dass es in dieser Hinsicht schlechter kommen kann. Die neuen Arbeitskollegen könnten aber auch genauso sympathisch oder sogar noch „toller" sein. Das klingt unglaublich, doch ich kann aus meiner persönlichen Berufserfahrung genau das bestätigen. Was ich damit sagen will ist, dass niemand vorhersagen kann, wie sich der Arbeitsalltag in einem neuen Job gestalten wird. Es gibt allerdings eine Sache, die ist sicher und das ist der Arbeitsvertrag, der dir beim Bewerbungsgespräch angeboten wird. Sind die Konditionen (Gehalt, Urlaub, etc.) um Längen besser, als es dir dein aktueller Chef jemals zugestehen würde, wäre zumindest für mich die Entscheidung gefallen. Hat man sich erst einmal in das neue Arbeitsumfeld eingelebt und sich damit auch an dieses gewöhnt, werden die meisten eher bereuen, nicht schon früher gewechselt zu haben.

Du kannst dir, lieber männlicher Leser, vielleicht schon denken, was dieses Gleichnis mit dem Thema russische Frauen zu tun hat. Ich habe dir verschiedenste Argumente geliefert, warum eine Brautschau im Osten vielversprechend ist. Vielleicht widersprichst du mir in einigen Punkten, ich bin mir aber sicher, dass der ein oder andere Aspekt dein Interesse geweckt hat. Trotz alledem wirst du deswegen nicht einfach so dein gewohntes Umfeld verlassen und ungewöhnliche Dinge tun. Schöne Frauen sind anziehend und ich habe dir hoffentlich hinreichend erklärt, warum du bei deiner Partnerwahl Luft nach oben hast. Eine Restportion an Skepsis bleibt dennoch und ich verstehe das.

Ich hoffe zumindest die gängigen Vorurteile zum Thema nicht-westliche, speziell russische Frauen widerlegt zu haben. Wenn es dir zu schaffen macht, was andere von dir denken (denn du willst ja niemand sein, der hierzulande „keine abgekriegt hat"), dann solltest du zuallererst an deinem Selbstbewusstsein arbeiten. Letzten Endes werden dich deine männlichen Kollegen eher um die schönere Begleitung beneiden und was deutsche Frauen denken, betrifft dich dann sowieso nicht mehr (unabhängig davon ist es nie ratsam, sein Leben nach der Meinung anderer Menschen auszurichten[118]). Ein Argument, das ich gelten lasse, ist der Mentalitätsunterschied zwischen Ost und West, an den dann, wenn es darauf ankommt, plötzlich auch die Anhänger der „alle Menschen sind gleich"-Religion glauben. Schließlich geht es nicht nur darum, wie hoch die Chancen in einem anderen Partnermarkt sind, sondern ebenso, ob eine solche Liebesbeziehung von Dauer sein kann. Ersteres haben wir geklärt, auf den zweiten Punkt kommen wir im folgenden Kapitel zu sprechen.

# 5. Hans und Svetlana, ein Traumpaar?

Jeder Mann, der dieses Buch bis hierhin verfolgt hat, weiß nun, dass Deutschland nur einen Partnermarkt neben vielen anderen darstellt und es sich in dieser Hinsicht lohnen kann, den Blick über den Tellerrand zu werfen. Diese Theorie habe ich am Beispiel Russlands veranschaulicht, indem ich die hiesigen Verhältnisse mit den dortigen verglichen habe. Bisher ging es v.a. um das Verhalten dieser Märkte, also um den Partner, den man(n) am Ende (theoretisch) bekommen kann. Es nützt dir, lieber männlicher Leser, nur leider recht wenig, wenn dir eine attraktive Frau, von der du vielleicht schon immer geträumt hast, ihr Interesse zeigt, aber am Ende die Chemie einfach nicht stimmt. Was ich damit sagen will: wir haben noch nicht geklärt, inwieweit eine ausländische und dann auch noch nicht-westlichen Frau zu dir „passt", d.h. kann so eine Liebesbeziehung langfristig, in einer ernsten Partnerschaft überhaupt funktionieren? Oder ist der Mentalitätsunterschied am Ende zu groß? Um es vorwegzunehmen, es ist weniger dramatisch als es klingt. Im Grunde hängt es davon ab, wer du bist und wie realistisch du dich selbst und deine Mitmenschen wahrnimmst, also das was die eigentliche Bedeutung eines gesunden Selbstbewusstseins ausmacht. Aber ich kenne die Skepsis, die mit diesen Fragen einhergeht, weswegen ich diesem Thema das folgende Kapitel widmen möchte.

## 5.1. Allgemeines zu binationalen Partnerschaften

Zunächst die gute Nachricht: Binationale Ehen werden immer häufiger in Deutschland. Im Jahr 1960 hatte bei 3,7 Prozent der Eheschließungen mindestens ein Partner eine ausländische Staatsangehörigkeit, im Jahr 2015 waren es schon 11,5 Prozent und heute sicherlich noch mehr.[119] Alles andere wäre auch komisch, da es in Deutschland, wie in den meisten westlichen Industriestaaten einen Trend hin zur multikulturellen Gesellschaft gibt. Die gute Nachricht ist also, dass es heute durchaus „normal" ist eine ausländische Partnerin sein Eigen zu nennen. Diese Entwicklung wird sich auch nicht zurückdrehen lassen und jeder kann davon ausgehen, dass die binationale Liebesbeziehung in Zukunft noch normaler werden wird. Sicherlich ist diese Entwicklung nicht in jedem Winkel Deutschlands in derselben Art und Weise vorhanden. Gerade in ländlichen Regionen ist sie deutlich langsamer. Das ändert aber nichts am übergeordneten

Trend, den jeder wahrnimmt (der eine positiv, der andere negativ).

Wer jetzt allerdings in eine „Friede, Freude, Eierkuchen"-Denke verfällt, in der mal wieder „alle Menschen gleich sind", den muss ich nun leider ein paar harte Fakten präsentieren. Forscher haben herausgefunden, dass bei Ehen zwischen Personen aus unterschiedlichen Herkunftsländern das Scheidungsrisiko um 64 Prozent höher ist als bei Ehen zwischen Personen derselben nationalen Herkunft. Zwar sinkt das Risiko einer Trennung um die Hälfte, wenn Kinder mit im Haushalt leben, es steigt aber im selben Ausmaß, wenn das Paar vor der Ehe noch nicht zusammengelebt hat. Natürlich enthält diese Statistik auch sog. Scheinehen, die den Erhalt einer Arbeits- oder Aufenthaltserlaubnis zum Ziel haben (d.h. wo Liebe von Anfang an keine Rolle spielt). Diese bewusste Ausnutzung der gesetzlichen Grauzone dürfte jedoch nur einen Bruchteil des Phänomens erklären. Deswegen haben sich die Forscher auch mit den eigentlichen Ursachen dieses erhöhten Scheidungsrisikos auseinandergesetzt. Ist die Frau bei der Heirat jung oder hat sie keinen oder einen niedrigen Bildungsabschluss, dann steigt dieses Risiko. Auch ist es doppelt so wahrscheinlich, dass die Ehe zerbricht, wenn der Ehemann schon vorher verheiratet war. Der wesentlichste Faktor, so die Forscher, sei allerdings das Thema Religion. Gehören beide Partner einer anderen Religion an, ist das Scheidungsrisiko um 60 Prozent höher als bei Partnern mit gleichem Glauben. Aus diesen Zahlen lässt sich eigentlich nur folgern, dass man(n) am Ende doch besser den Frauen aus seiner Heimat treu bleibt.[120]

Wäre dem so, hätte ich mir aber die Zeit für dieses Buch sparen können. Wie sind diese Zahlen, die ja alle einen realen Hintergrund haben, dann zu interpretieren? Wie so oft liegt der Teufel im Detail. Zunächst muss gesagt werden, dass diese Zahlen binationale Ehen allgemein beschreiben, d.h. sich nicht speziell auf die Konstellation deutscher Mann und russische Frau beschränken. Bei Letzterer fällt z. Bsp. das Risiko einer unterschiedlichen Religionszugehörigkeit weg (es ist in diesem Sinne egal ob jemand der römisch-katholischen, protestantischen oder russisch-orthodoxen Konfession angehört). Anders verhält es sich hingegen bei einer deutschen Frau, die einen Marokkaner heiratet. Sie geht ebenfalls in die Statistik der Forscher mit ein und rückt diese damit in ein falsches Bild (zumindest für den männlichen Leser, der an osteuropäischen Frauen interessiert ist). Warum ist die Religionszugehörigkeit überhaupt so wichtig, wenn die Kirche in den westlichen Industriestaaten zunehmend an Bedeutung verliert? Weil sie das kulturelle Leben in deinem Land, lieber Leser, maßgeblich über Jahrhunderte geprägt hat und damit auch das, was man als „kulturspezifische Mentalität" bezeichnen könnte: Den Teil der Persönlichkeit, den die Menschen einer bestimmten Kultur gemein haben. Was diesen betrifft, und hier muss ich den Forschern zu 100% beipflichten, gilt „gleich und gleich gesellt sich gern". Gegensätze ziehen sich nur dann an, wenn sie nicht zu groß sind.

Das erhöhte Scheidungsrisiko bei binationalen Eheschließungen lässt sich außerdem durch das erklären, was ich gerne auch als „ungleiche Paare" bezeichne. Man könnte in diesem Zusammenhang ebenso von Scheinehen sprechen, der Unterschied ist lediglich, dass sich nur ein Part dessen bewusst ist. Der andere träumt von der großen Liebe, bis diese ihn schließlich verlässt, weil sie endlich die heiß ersehnte Aufenthaltserlaubnis erhalten oder die finanziellen Vorteile einer Scheidung erkannt hat. Wer wissen will, was ungleiche Paare sind, begibt sich am besten einmal in das Standesamt einer nächstgelegenen Großstadt. Im Wartebereich wird er vielleicht das entdecken, was ich mit diesem Begriff meine. Sicherlich kann so eine Ehe gut gehen, aber jeder wird mir zustimmen, dass die Erfolgswahrscheinlichkeit dafür geringer ist, als wenn sich zwei gleichaltrige, ähnlich attraktive Menschen das „Ja-Wort" geben[121]. Diese Erkenntnis sollte für jeden halbwegs vernünftigen Menschen keine Überraschung darstellen. Dass es in solchen Fällen nicht „klappt", ist weniger den vermeintlich bösen ausländischen Frauen geschuldet, sondern eher der nicht vorhandenen Fähigkeit der betroffenen Männer, ihren eigenen Marktwert realistisch einschätzen zu können. Um es anders zu formulieren, sie würden auch bei den hiesigen Damen über den Tisch gezogen werden, wenn es sich für Letztere denn lohnen würde[122]. Leider tut es das oft nicht, weswegen wir dieses Phänomen v.a. bei binationalen Eheschließungen beobachten können[123].

Es sind genau diese Erscheinungen, welche die binationale Ehe oft in ein falsches Licht rücken. Jemand der bei aller Liebe seinen Verstand nicht vergisst, wird wohl kaum ein solches Schicksal erleiden. Des Weiteren müssen die anfangs genannten Zahlen etwas genauer betrachtet werden. Tatsächlich kommt man dabei zu einem völlig anderen Ergebnis (ganz nach dem Motto: „Traue nur einer Statistik, die du selbst gefälscht hast"). Wer meiner Argumentation aus dem letzten Kapitel gefolgt ist, der versteht meinen Standpunkt, nach dem gerade osteuropäische Frauen familienorientierte und deswegen treue Partner sind. Der kritische Leser wird nun einwerfen, dass diese Behauptung von der obigen Statistik widerlegt wurde. Leider gibt Letztere keinerlei Auskunft, wie sich die hohe Scheidungsrate bei binationalen Ehen im Detail zusammensetzt.

In der Schweiz hat man sich dem Thema vor einigen Jahren etwas genauer angenommen und kam dabei zu einem interessanten Ergebnis. Die Scheidungsrate der Konstellation „Schweizerin und Ausländer" betrug laut der öffentlich-rechtlichen Nachrichtenplattform „swissinfo.ch" im Jahr 2005 79%, während die der Konstellation „Schweizer und Ausländerin" nur bei 30% und damit sogar unter dem landesweiten Durchschnitt von 41,6% lag. Aber es kommt noch kurioser, denn auch die Konstellation „Schweizer und Ausländerin" wurde analysiert. Dabei fand man heraus, dass Ehen mit Frauen aus den Ex-Sowjetstaaten die mit Abstand stabilste Form einer Partnerschaft darstellen. Die Scheidungsrate betrug in diesem Fall nur 15%. Die Schweizer Beratungsstelle für Frauen und Männer in binationalen Beziehungen war über dieses Ergebnis offenbar selbst verblüfft und versuchte das Phänomen von einer etwas feministisch anmutenden Warte aus zu erklären. Dabei wurde die Idee vom unterdrückenden Ehemann wieder ausgerollt, der es den vermeintlichen Opfern unmöglich macht, ein eigenständiges und unabhängiges Leben zu führen, ja sogar sich zu trennen oder in die Heimat zurückzukehren (obwohl die betroffenen, scheinbar hilflosen Frauen im selben Atemzug als sehr gebildet bezeichnet werden). Normalerweise spricht man heute in einem solchen Zusammenhang von „Einzelfällen" – die es freilich gibt, was ich keinesfalls relativieren möchte – und vermeidet jeden Verdacht auf eine Pauschalisierung. Vielleicht ist es auch nur gutes Marketing, um die Wichtigkeit der Beratungsstelle als Retter in der Not hervorzuheben[124]. Denn zu guter Letzt wird ja doch bemerkt, dass für eine genaue Analyse ebenso die Frauen befragt werden müssten, die keine Hilfe bei der Beratungsstelle in Anspruch nehmen (was wohl fast alle sind).[125]

Soll man(n) den Zahlen glauben, ist die Ehe mit einer osteuropäischen Frau dreimal so stabil wie mit einer westlichen Frau (wenn wir die Schweizerin stellvertretend als das sehen). Freilich hängt es immer vom konkreten Einzelfall ab, z. Bsp. sind ungleiche Paare generell etwas trennungsfreudiger[126]. Es sollte jedoch niemanden verwundern, dass die westliche Frau, die heute „unabhängiger" denn je in einer emanzipierten Gesellschaft lebt, die alles und jeden zu dieser Art der Selbstverwirklichung animiert, für eine langfristige Liebesbeziehung schwerer zu begeistern und in dieser dann auch ungeduldiger sein wird, als es eine osteuropäische Frau ist, die diesen Unabhängigkeitsdrang nicht hat und von der eigenen Familie träumt. Nichts anderes spiegelt sich in den unterschiedlichen Scheidungsraten wider.

Wer es als Mann ernst meint, wird mit einer nichtwestlichen Frau, zumindest was das Thema Treue betrifft, eher glücklich werden. Ironischerweise gilt das den obigen Zahlen nach nicht für westliche Frauen, die ihr Liebesglück im Ausland suchen. Das liegt v.a. an den Kulturkreisen, in denen der Traummann vermutet wird, die aber zum eigenen meist inkompatibel sind. Die Erkenntnis, dass der Feminismus (oder unser Verständnis davon) ein westliches Phänomen ist, trifft Frauen oft härter als Männer. Die kulturelle Kompatibilität ist leider ein wichtiger Punkt, ob eine binationale Ehe gut oder schlecht funktioniert. Aus diesem Grund möchte ich darauf noch etwas genauer eingehen. Denn wie schon erwähnt, ist es eine Sache, ob du, lieber männlicher Leser, eine Frau im Ausland für dich begeistern kannst, eine andere aber, ob daraus eine ernste Partnerschaft entstehen kann. In diesem Kapitel habe ich erläutert, dass die Chancen dafür grundsätzlich sehr gutstehen. Letztlich müssen zwei Menschen jedoch zusammenpassen, was im Wesentlichen davon abhängt, was Frau und Mann voneinander erwarten.

Nun ist es so, dass wir im Westen sog. „Individualisten" sind. Das bedeutet im Grunde, dass wir uns eigentlich nur darin einig sind, dass jeder Mensch frei leben können sollte, d.h. so wie er es persönlich mag. Ansonsten haben wir unterschiedliche Ansichten, wählen unterschiedliche Parteien und hegen eben auch unterschiedliche Vorstellungen einer idealen Liebesbeziehung. Es ist also wichtig, dass du dir, lieber männlicher Leser, im Klaren wirst, was du von einer ausländischen Frau erwartest. In dieser Hinsicht haben westliche Männer unterschiedliche Vorstellungen und in manchen Fällen kann ich jetzt schon sagen, dass sie sich besser an die Frauen ihrer natürlichen Umgebung halten sollten. Umgekehrt ist es zunächst natürlich von Bedeutung, was ausländische Frauen wollen, damit man(n) überhaupt weiß, auf was man(n) sich einlässt. Das nächste Kapitel soll sich dieser Frage (anhand des Beispiels russischer Frauen) widmen.

## 5.2. Was wollen russische Frauen

Im Grunde sind wir dieser Frage bereits in Kapitel 4.3.2 nachgegangen. Russische Frauen gewichten (in der Regel) bei einem Mann Versorger-Qualitäten höher bzw. Entertainer-Qualitäten niedriger, als dies bei einer deutschen oder westlichen Frau der Fall ist. Entsprechend legen Erstere z. Bsp. weniger als Letztere auf das Aussehen oder den Humor ihres Verehrers wert, dafür umso mehr auf dessen Anstand und seine „Fähigkeit Geld zu verdienen". Eine logische Konsequenz, wenn russische Frauen eher von der eigenen Familie träumen, während westliche Frauen das zwar oft auch tun, aber nicht in diesem Ausmaß und nicht zu jedem Preis (z. Bsp. wenn es der eigenen Karriere im Weg steht). Kinder haben für Letztere einen geringeren Stellenwert, dennoch ist der Versorger-Aspekt insofern von Bedeutung, als dass ein Partner auf Augenhöhe gesucht wird. Einen Ernährer haben die meisten westlichen Frauen aber nicht nötig und er würde auch nicht in Anspruch genommen werden, wenn es den Verlust der eigenen (finanziellen) Unabhängigkeit zur Folge hätte.

Ganz anders verhält es sich bei russischen Frauen, für die eine solche Abhängigkeit einen natürlichen Bestandteil einer Familie darstellt. Dementsprechend werden von einem Mann andere Qualitäten gefordert. Welche das aus Sicht einer russischen Frau sind, habe ich der Wertigkeit nacheinander aufgelistet (basierend auf der schon in Kapitel 4.3.2.1 erwähnten Umfrage des russischen Lewada-Instituts aus dem Jahr 2018[127]):

1. Intelligenz (51 Punkte)
2. Fähigkeit Geld zu verdienen (42 Punkte)
3. Anstand (37 Punkte)
4. Treue (23 Punkte)
5. Sparsamkeit (20 Punkte)
6. Beruflicher Ehrgeiz (18 Punkte)
7. Gepflegtes Erscheinungsbild (18 Punkte)
8. Belastbarkeit (17 Punkte)
9. Organisationstalent (13 Punkte)
10. Selbstständigkeit (11 Punkte)

Dargestellt ist die „Top-10" der Qualitäten eines Mannes, die von den befragten Frauen am höchsten gewichtet wurden. Sexappeal belegte den letzten Platz (1 Punkt). Der in Deutschland hoch angesehene Humor eines Mannes wurde von den russischen Frauen entweder als noch unwichtiger eingestuft (Kategorie Sonstiges, 3 Punkte) oder stand nicht zur Debatte (laut Aussage meiner Frau eher ersteres).

Wer das Buch bis hierher aufmerksam gelesen hat, den wird die obige Auflistung kaum überraschen. Gesucht ist ein zuverlässiges und bodenständiges Familienoberhaupt mit guten Ernährer-Qualitäten. Es ist weder die Rede davon, dass der Verehrer „sie zum Lachen bringen" oder „interessant" sein muss, sodass es fast scheint, es handle sich dabei um eine reine Zweckgemeinschaft. Wenn wir allerdings genauer hinschauen (und unsere Vorurteile für einen Moment unterdrücken), dann sehen wir z. Bsp., dass russische Frauen viel Wert auf Anstand und Treue legen. Sie sehnen sich also nach einer ernsten Beziehung, bestehend aus gegenseitigem Respekt und Vertrauen. Daraus kann man durchaus folgern, dass russische Frauen nach der großen Liebe suchen und eben nicht nur einem „Geldbeutel", der sie aushält. Oder ist es so schwer vorstellbar, dass sie auch nur Menschen sind, die Gefühle haben?

Sogar die anderen Punkte können so interpretiert werden, dass ein ehrlicher und vernünftiger Mann gesucht wird, der mit beiden Beinen im Leben steht, einfach deswegen, weil es als die sinnvollste Basis für eine langfristige Beziehung erachtet wird. In diesem Sinne sind Humor oder gutes Aussehen Pluspunkte, die auch auf russische Frauen wirken, nur eben weniger als man(n) es hierzulande gewohnt ist. Es bleibt festzuhalten, dass sich Ost und West bei den Prioritäten, nach denen die Wahl eines Lebenspartners getroffen wird, unterscheiden und ich es an dieser Stelle dem Leser überlassen möchte, welche Kriterien bei der Partnerwahl zu den langlebigeren Beziehungen führen.

Die eigentlich wichtige Erkenntnis lautet, dass Männer, die schlechte Entertainer doch dafür gute Versorger sind, in Russland generell über einen höheren Marktwert als in Deutschland verfügen. Das bedeutet in der Praxis nichts anderes, als dass diese Männer im Osten die attraktiveren Frauen bekommen werden. Wer sich zu dieser Kategorie zählen darf (und wer nicht) werde ich im nächsten Kapitel erläutern. Vorher möchte ich noch kurz darauf eingehen, was man(n) von einer russischen Frau erwarten kann, also den Spieß umdrehen.

Von Bedeutung ist zunächst die Art, wie mit Emotionen und Meinungen umgegangen wird. Wir Deutschen werden im Ausland für vieles gerühmt, darunter Pünktlichkeit und Ordnungssinn. Auf der anderen Seite gibt es aber ebenso Charakterseiten an uns, die weniger auf Sympathie stoßen. Dazu zählt beispielsweise eine emotionale Kälte, welche den Deutschen gerne attestiert wird. Wenn wir uns einen Russen vorstellen, dann vielleicht mit ernster Miene und Wodka-Flasche. Wer sich allerdings die Mühe macht, diese Menschen näher kennen zu lernen, der wird feststellen, dass sowohl Gefühle als auch Meinungen viel direkter mitgeteilt werden, als wir das aus Deutschland gewohnt sind. Bei Diskussionen schmeißt man sich die Argumente unverblümt an den Kopf, wo in unseren Breitengraden immer ein „Wie sag ich das am besten" im Vordergrund steht; hingegen umarmt oder küsst man sich gar bei gegenseitiger Zuneigung. D.h. ein Mann muss im Umgang mit russischen Frauen seine Gedanken oder Gefühle nicht zurückhalten, denn diese werden es genauso wenig tun (ein „ich mag dich mehr als Freund" ist ihnen beispielsweise fremd). Ich kann nur für mich sprechen, dass es die zwischenmenschliche Kommunikation erleichtert. Das muss allerdings nicht jedem so ergehen und es gibt sicher den ein oder anderen Deutschen, der mit dieser „direkten Art" – zumindest anfangs – überfordert sein kann.

Die Familie hat für eine russische Frau meist einen hohen Stellenwert, diese Tatsache wurde nun schon vielfach erwähnt. Zu diesem Zweck sind sie auf eine langfristige und im besten Fall ewige Partnerschaft aus. Dies setzt einen Sinn für Treue voraus, den beide Seiten mitbringen sollten. Im Gegenzug bekommt man(n) eine Partnerin, die „hinter einem steht", komme was wolle.

Des Weiteren muss beachtet werden, dass Gendergleichheit den Russen fremd ist bzw. sie dieses Ideal vielleicht kennen, doch als etwas Westliches und „Unnatürliches" ablehnen. Das bedeutet konkret, dass Frauen in der Partnerschaft den Männern das Mann-sein überlassen und auch nicht mehr (aber auch nicht weniger) von diesen verlangen. Sie suchen nach der starken Schulter, dem Fels in der Brandung, der weiß was er will. Genauso freuen sich diese Frauen, wenn ihnen jemand die Türe aufhält oder eine schwere Tasche abnimmt. Falls sie behaupten, keine Hilfe zu benötigen, darf man(n) das getrost als Test verstehen – in solchen Situationen ist stets ein Gentleman gefragt. Da die Geschlechterrollen eindeutig verteilt sind, ist in Russland Schönheit ein weibliches Attribut. Aus diesem Grund tun die Frauen dort alles, um diesem Anspruch gerecht zu werden. Wenn sie aus dem Haus gehen, und sei nur um Brot vom Bäcker nebenan zu kaufen, ziehen sie sich trotzdem so an, als würden sie später noch an einem Staatsbankett teilnehmen. Der westliche Tourist, der in Russland die einheimischen Pärchen beobachtet, wird oft überrascht sein, welche Schönheiten sich dort sehen lassen, nicht selten an der Seite von Männern die eher „durchschnittlich" wirken.

Alles in allem ist die Eindeutigkeit der Rollenverteilung auch ein Grund, weshalb vielen Männern der Umgang mit Frauen in Russland leichter als im Westen fallen wird. Der mediale Hype um das Thema Selbst-Verwirklichung auf der einen und der naturgegebene Wunsch nach Kindern auf der anderen Seite führen dazu, dass westliche Frauen oft selbst nicht mehr hundertprozentig wissen, was und in diesem Sinne welche Art von Mann sie eigentlich wollen. Den russischen Frauen wird ein solcher Interessenskonflikt erspart. Das macht eine Partnerschaft für dich, lieber männlicher Leser, planbarer und schützt vor unangenehmen Überraschungen. Hat sich eine russische Frau erst einmal dazu entschlossen dir ihr Herz zu öffnen, ist die Wahrscheinlichkeit dafür, dass sie dir von da an treu sein wird um ein vielfaches größer als bei einer westlichen Frau (siehe dazu auch Kapitel 5.1). Letztere will stark und unabhängig sein, hinzu kommt die permanente Angst „etwas zu verpassen". Beides kann für eine langfristige Partnerschaft nicht förderlich sein (und spiegelt sich in der Scheidungsstatistik wider[128]). Bedeutet das nun, dass russische Frauen die Besseren sind? Freilich ist es, wie vieles auf der Welt, nicht ganz so einfach. Genaugenommen lässt sich diese Frage nicht für jedermann gleich beantworten. Wir werden uns ihr deswegen im nächsten Kapitel widmen.

## 5.3. Passt eine russische Frau zu mir?

Wir wissen nun, dass russische Frauen anders sind als man(n) es hierzulande gewohnt ist. Das bedeutet unter anderem auch, dass sie eine andere Vorstellung von einer Liebesbeziehung und dementsprechend eine andere Erwartungshaltung an das starke Geschlecht haben. Dies wiederum eröffnet eine Perspektive für westliche Männer, die dieser Erwartungshaltung entsprechen, doch sich derzeit in ihrer Heimat unter Wert verkaufen oder gar leer ausgehen. Ein Schicksal, welches das „starke" Geschlecht in Deutschland immer häufiger trifft (siehe Kapitel 2), die Gründe dafür habe ich ausreichend erläutert (siehe Kapitel 3). In dieser Hinsicht scheint Russland ein regelrechtes Männerparadies zu sein, wo die Chancen auf das Liebesglück um einiges besser stehen. Das mag für den Durchschnitt auch stimmen, muss aber nicht für den Einzelfall zutreffen (alles andere wäre wohl zu einfach). Aus diesem Grund habe ich im Folgenden versucht, den westlichen Mann als Individuum zu typisieren, also Kategorien aufzustellen, welche Aufschluss geben sollen, ob eine russische Frau für dich, lieber männlicher Leser, in Frage kommen könnte.

Unabhängig davon gilt freilich, dass du eine gewisse Offenheit für fremde Kulturen mitbringen solltest. Wenn man erst einmal den Schritt ins Ausland gewagt hat, stellt sich diese – zumindest in jungen Jahren – oft von selbst ein. Wer bereits Mitte vierzig und älter ist, sollte die Macht der Gewohnheit jedoch nicht unterschätzen. Letztlich bleibt es eine Frage des Charakters, ich kenne grauhaarige Weltbürger und Studenten mit Starrsinn. Mit der richtigen Einstellung spielen selbst Sprachbarrieren eine untergeordnete Rolle[129]. Du solltest dich also realistisch genug einschätzen können, um erst in einem zweiten Schritt über russische Frauen nachzudenken. Ich möchte dir im Folgenden dabei helfen.

## 5.3.1. Der Entertainer

Mit „Entertainer" ist ein Mann gemeint, der – dem Namen nach – eine Frau unterhalten kann. Er ist „nicht langweilig" und das (bestenfalls) in jeder Hinsicht. Im Grunde ist er das, was westliche Frauen (zunehmend) unter einem attraktiven Mann verstehen; allein seine Beziehungsfähigkeit lässt zu wünschen übrig. Aus diesem Grund ist es relativ leicht festzustellen, ob du, lieber männlicher Leser, dich zu dieser Kategorie zählen darfst. Alles was du dazu tun musst, ist deinen Erfolg bei Frauen (realistisch) einzuschätzen.

Werfen dir Letztere Blicke zu oder musst du immer selbst aktiv werden? Hast du mit den Frauen Sex, die andere als „unerreichbar" einstufen würden? Behältst du in Beziehungskrisen die Oberhand, da du dir sicher sein kannst, auch als Single über ein erfülltes Sexualleben zu verfügen[130]? Du siehst gut aus und hast immer den richtigen Spruch parat: die Herzen der Damen stehen dir offen. Von dem her kannst du nicht nachvollziehen, wieso ich von einem rauen Wind auf dem deutschen Partnermarkt spreche. Mir ist es ebenso schleierhaft, weshalb gerade jemand wie du dich diesem Buch widmen sollte. Vielleicht hast du dir aber einfach die Hörner abgestoßen und suchst nun nach einer unschuldigen Schönheit, die es wert wäre „einen Gang runterzuschalten".

Zunächst die gute Nachricht, tolles Aussehen und eine charmante Art können auch russische Frauen beeindrucken. Du solltest es mit den lustigen Sprüchen jedoch nicht übertreiben. Dass russische Menschen immer mit (scheinbar) ernster Miene zu sehen sind, liegt u.a. daran, dass jemand, der permanent lächelt, als dumm angesehen wird. Außerdem solltest du einen gewissen Familiensinn und Versorger-Status mitbringen[131]. Wenn du es wirklich ernst meinst, dann möchte ich dich von deinem Vorhaben nicht abhalten. Ansonsten, behaupte ich, hast du hierzulande die besseren Chancen in Bezug auf Sex sowie was eine Partnerschaft betrifft. Du verfügst über das, was ich Entertainer-Qualitäten nenne, und diese werden im Westen mehr Anklang finden, als sie das im Osten tun (siehe hierzu auch Kapitel 3.3). Warum wegen einer Milch ausgehen, wenn man(n) – naja du weißt schon.

## 5.3.2. Der Freigeist

Worauf ich mit „Freigeist" anspielen will, ist nicht der kritische Denker, der alles und jeden hinterfragt, sondern schlicht und ergreifend einen freiheitsliebenden Menschen. Wir sind das alle mehr oder weniger, einfach weil wir im Westen nach einem sog. „individualistischen" Weltbild leben, nach dem jeder nach seiner Façon glücklich werden soll. Kein Staat, keine Religion, ja meist nicht einmal die eigene Verwandtschaft schreibt dem Einzelnen in der Regel vor, wie er sein Leben zu gestalten hat[132].

Viele Menschen fühlen sich heute im Westen auch beim Gedanken an den Bund der Ehe in ihrer Freiheit eingeschränkt. Sicherlich wird jeder einem solchen Schritt im Leben mit Respekt begegnen, nur fällt dieser dem einen leichter und dem anderen derart schwer, dass er ihn ewig hinauszögert oder gar ablehnt. Ob du eher Letzteres bist, lieber männlicher Leser, kann ich dir nicht eindeutig beantworten, es gibt jedoch Hinweise, die darauf schließen lassen. Wie lange war deine längste Beziehung zu einer Frau? Hast du mit ihr zusammengelebt oder kam es nicht dazu, weil du es nicht wolltest? Wie fühlst du dich beim Gedanken, für eine Partnerin oder eine ganze Familie sorgen zu müssen?

Solltest du bei diesen Fragen einen starken Unabhängigkeitsdrang verspüren, dann empfehle ich dir den westlichen Frauen weiter treu zu bleiben. Wenn du dir dieses Buch gekauft hast, weil du genau das nicht mehr tun willst, dann solltest du einmal in dich gehen, um herauszufinden, ob du dir nicht doch eine ernste Partnerschaft, vielleicht sogar Ehe oder Familie vorstellen kannst. Ansonsten machen russische Frauen für dich einfach keinen Sinn, da sie in der Regel eine andere Vorstellung von einer Liebesbeziehung haben[133]. Falls du noch jung sein solltest, dann leg das Buch zur Seite und widme dich ihm Anfang dreißig wieder; vielleicht hat es sich dann aber auch schon von selbst erledigt.

### 5.3.3. Der hoffnungslose Fall

Es gibt immer mehr Single-Männer in Deutschland und viele davon haben keinerlei Erfahrung im Umgang mit Frauen (siehe Kapitel 2). Das ist eine sehr traurige Entwicklung und der wesentliche Grund

155

dafür, warum ich dieses Buch geschrieben habe. Denn ich denke, dass Sex und Liebe natürliche, essenzielle Dinge sind, die jeder Mensch benötigt, um vollkommen glücklich zu sein. Ich möchte mit der Bezeichnung „hoffnungsloser Fall" niemanden beleidigen. Aber wir kennen die Menschen, die derart von unglücklichen Akteuren auf dem Partnermarkt denken, was oft nicht fair, zum anderen auch manchmal nicht der Wahrheit entspricht. Für die meisten dieser Männer gibt es sehr wohl Hoffnung auf ein Liebesglück, nur agieren sie bisher unvorteilhaft oder sie suchen an der falschen Stelle.

Ich meine in diesem Kontext ersteres, also Männer, die zuerst an sich arbeiten müssen, bevor sie überhaupt in einem zweiten Schritt eine russische Frau in Erwägung ziehen können. Die Wahrscheinlichkeit dafür, dass du, lieber männlicher Leser, dich zu dieser Kategorie zählen musst, ist umso größer, je weniger (positive) Erfahrungen im Umgang mit Frauen du aufweisen kannst (Sex, Liebesbeziehungen, etc.). Das kann individuelle Gründe haben, weswegen ich hier keine allgemeine Aussage über dich treffen möchte. Häufig ist es allerdings Schüchternheit, womit ich v.a. Verklemmtheit meine und nicht, dass die Betroffenen generell zu introvertiert wären[134]. Viele westliche Männer fürchten sich heute vor den hohen Ansprüchen ihrer Frauen, weswegen ihnen der lockere Umgang mit Letzteren schwerfällt. Oft meiden sie diese gar oder

zumindest den Prozess des „sich näher Kennenlernens" aus Angst vor der Zurückweisung. Ein Teu-
felskreis, denn ohne die nötigen Erfahrungen, wird
leider kein Selbstbewusstsein im Umgang mit
Frauen aufgebaut. Aus diesem Grund will ich dir,
solltest du dich, lieber männlicher Leser, angesprochen fühlen, keine falschen Hoffnungen machen.
Denn auch russische Frauen wollen „erobert" werden und dazu gehört, dass man(n) – wenigstens ein
bisschen – flirten kann.

Auf der anderen Seite möchte ich ebenso wenig,
dass du dich von mir entmutigen lässt und die Flin-
te ins Korn wirfst, denn dazu besteht überhaupt
kein Anlass. Du solltest einfach herausfinden, weshalb du bei westlichen Frauen auf Granit beißt.
Diese Selbsterkenntnis ist entscheidend, ob der
Blick nach Osten Sinn macht oder ob du vorher
noch ein paar Erfahrungen sammeln solltest, um
diese Frage realistisch beantworten zu können[135].
Sobald du sie realistisch beantworten kannst, bist
du auch kein „hoffnungsloser Fall" mehr und wirst
dich von dem her einer anderen Männer-Kategorie
zuordnen (womit sich automatisch die Frage klärt,
ob in Russland deine Traumfrau auf dich wartet).

## 5.3.4. Der emanzipierte Mann

Beim Begriff „Emanzipation" denken wir in erster Linie an westliche Frauen, die sich in irgendeiner Form „weiterentwickeln", um nicht länger nach den Rollenbildern ihrer Vorfahren leben zu müssen. Auch im negativen Kontext, also wenn von „Emanzen" die Rede ist, wird wohl niemand einen männlichen Feministen im Sinn haben. Tatsächlich ist Emanzipation aber ein Prozess, der die gesamte Gesellschaft, also beide Geschlechter gleichermaßen betrifft. Aus diesem Grund sind alle westlichen Männer, ebenso du, lieber männlicher Leser, zu einem gewissen Grad emanzipiert. Es ist somit keine Frage ob, sondern wie stark dich der herrschende Zeitgeist geprägt hat. Hierin entscheidet sich, ob du in meinem Verständnis ein emanzipierter Mann bist.

In der Regel ist das der Fall, wenn Folgendes auf dich zutrifft:

• Du bist der Meinung, dass Frauen in Deutschland nach wie vor ungleichberechtigt sind, denn es herrscht z. Bsp. in den Führungsetagen der Wirtschaft ein Männerüberschuss (sowie bei den Gründern von Startups).

• Du findest, dass sich Männer und Frauen im Grunde doch sehr ähnlich sind, weswegen es vollkommen richtig ist, nicht mehr von „typisch männlichen" Jobs oder gar Charaktereigenschaften zu sprechen (Ausnahmen wie Bauarbeiter oder Fliesenleger bestätigen hierbei die Regel).

• Du suchst eine Frau „auf Augenhöhe", was bedeutet, dass sie in erster Linie ihrer eigenen Karriere nachgehen sollte, wohlwissend über das Risiko, dass euer (latenter) Kinderwunsch – wenn überhaupt – erst in einem hohen Alter verwirklicht werden kann.

Kurzum, dieses Buch ist nichts für dich. Du findest meine Thesen bestenfalls übertrieben, sie machen im Großen und Ganzen aber einen unsympathischen Eindruck, der deinem Weltbild in jeder Hinsicht widerspricht. Und trotzdem liest du dieses Buch, vielleicht weil dich deutsche Frauen nicht immer glücklich machen. Das wäre kein Wunder, denn wegen emanzipierten Männern wie dir, verdienen die Macher von Filmen wie „Fifty shades of grey" eine Menge Geld. Die niederen Instinkte lassen sich nicht unterdrücken und führen zu einem Widerspruch bei dem was westliche Frauen heute wollen; und diesen kann der angepasste Pantoffelheld genauso wenig auflösen wie der unzähmbare Macho.

Ich habe dir von russischen Frauen erzählt, die eher wissen was sie wollen. Nur sind das eben keine emanzipierten Männer, weswegen du weiter nach einer Partnerin „auf Augenhöhe" suchen solltest. Manch eine westliche Frau wird dir zumindest soweit danken, als das sich mit jemandem wie dir eine Gesellschaft ohne Widerstand „gendergerecht" gestalten lässt. Der Leser möge mir meinen Zynismus verzeihen. Was ich eigentlich sagen wollte: Ein emanzipierter Mann und eine russische Frau passen nicht zueinander.

## 5.3.5. Der Romantiker

Wir leben heute mit hohem Tempo, wie Getriebene in einer rastlosen Welt. Der ein oder andere stumpft bei der permanenten Reizüberflutung ab und verliert vor lauter „Clicks" und „Likes" das Gespür für echte Gefühle. Auf der ständigen Suche nach dem „Kick" wird das Alte immer schneller langweilig. Das gilt freilich auch für Beziehungspartner, bei denen man befürchten muss „etwas zu verpassen". Und so erscheint das Online-Dating als die richtige Lösung für die Probleme unserer Zeit. Endlich können Menschen wie Katalogware konsumiert werden bis der vermeintlich beste aller möglichen Partner gefunden ist (was bei der großen Auswahl aber gar nicht so einfach ist).

Der Romantiker ist ein Mensch, der in all dem oberflächlichen Trubel eine innere Leere empfindet. Er sehnt sich nach der wahren Liebe, würde sich gerne auf jemanden einlassen, doch möchte ebenso wenig seine Gefühle auf dem Altar der Wegwerfgesellschaft opfern. Lieber männlicher Leser, fühlst du dich angesprochen? Vielleicht suchst du auch eine Frau, die du auf Händen tragen kannst, die sich über schöne Blumen freut und der du die Türe aufhalten kannst, ohne dass sie bei alledem eine Genderdebatte im Kopf hat. Es ist richtig, dass die alten, patriarchischen Strukturen kein guter Ausgangspunkt für eine gesunde Liebesbeziehung waren. Der Feminismus der heutigen Stunde hat allerdings ebenso wenig Sinn für Romantik, denn er hat sich zur Aufgabe gesetzt, die Natur der Geschlechter für rückständig zu verklären und ein klischeebeladener Romeo (mit seinem archaischen Rollenverständnis) steht dem leider im Weg. Dieses Gemisch aus Speed-Dating und „Genderwahn" kann einen Romantiker zum Melancholiker machen.

Vor diesem Hintergrund scheint es verständlich, wenn man(n) bzgl. der Partnersuche seinen Horizont erweitert. Und tatsächlich ist es so, dass für dich als Romantiker eine russische Frau durchaus in Frage kommen kann. Der offene Umgang mit Gefühlen, sowie unideologische Geschlechterrollen und die gemeinsame Vorstellung von einer ernsten

Liebesbeziehung sprechen dafür. Kannst du dir außerdem eine eigene Familie vorstellen, dann wirst du in Russland sicherlich die größere Auswahl an Traumfrauen vorfinden. Vielleicht wirst du dort genau die tiefe Bindung zu einer Frau erfahren, von der du schon immer geträumt hast.

### 5.3.6. Der Vater

Es gibt einen Trend zur Kinderlosigkeit in der westlichen Welt. Dieser findet zwar eher in den Großstädten statt, dafür locken Letztere aber erfolgreich die Menschen aus ihren Dörfern (Stichwort „Urbanisierung"). Somit betrifft dieser Trend die gesamte Gesellschaft. Selbstverwirklichung bedeutet heute nicht mehr ausschließlich Familie, weswegen sich immer mehr Menschen ein Leben ohne Kinder vorstellen können. Interessanterweise tun das Frauen häufiger als Männer. In einer Umfrage des Online-Portals „Statista" äußerten 5% der befragten deutschen Männer keinen Nachwuchs zu wollen, bei den Frauen waren es 10%[136]. Vielleicht scheint dies logisch, da es Letztere sind, welche die Unannehmlichkeiten einer Schwangerschaft am eigenen Leib ausbaden müssen. Der gemeine Leser wird mir jedoch zustimmen, dass wer wirklich Kinder will, auch dieses Opfer aufbringen würde. Die eigentlichen Gründe, warum immer mehr westliche Frauen eine Schwangerschaft ablehnen, habe ich in Kapitel 3 beschrieben und werde sie an dieser Stelle nicht wiederholen.

Solltest du, lieber männlicher Leser, einen Kinderwunsch verspüren, weil dir im Privaten noch etwas fehlt, dann kann es dir unter Umständen schwerfallen, im Westen die passende Frau für dein Vorhaben zu finden. Hinzu kommt eine Scheidungsstatistik, nach der ein Papa recht schnell den Launen der trennungsfreudigeren Mama zum Opfer fällt und seine Kinder am Ende nur mehr über ein Gerichtsverfahren zu Gesicht bekommt. Und es scheint mir, als ob sich viele deutsche Männer dieser Problematik bewusst sind, zumindest äußern sie ihre Bedenken sehr ausgiebig in der Anonymität des Internets (sei es in Leserkommentaren, Foren oder sozialen Netzwerken). Anstatt aber über die bestehenden Verhältnisse nur zu schimpfen (was in der Regel keine Besserung herbeiführt), sollten sie ihren Blick lieber gen Osten wenden.

Eine russische Frau wird dir, lieber männlicher Leser, so ziemlich alles geben können, was du für die Verwirklichung deiner Familienträume benötigst, einfach weil sie dieselben Träume hat. Eine stabile, langfristige und glückliche Beziehung zu führen ist eine nicht zu unterschätzende Herausforderung. Setze deswegen besser auf eine Frau, die von Anfang an weiß, was sie will. Eine „gute Ehefrau" zu finden bedeutet in Deutschland zudem oft,

163

dass man(n) weniger wert auf das Aussehen der (dafür charakterlich besseren) Partnerin legen muss. Ganz anders in Russland, wo jeder um den Wert der Familie weiß. Insofern kann mein Ratschlag an dich nur lauten, dass du dort nach deiner Traumfrau suchen solltest, wo potenzielle Kandidatinnen in Fülle vorhanden sind.

## 5.3.7. Der Versorger

Wenn wir in Deutschland von einem Mann als Versorger oder Ernährer denken, dann haben wir meist das Bild der „altbackenen" Familie im Kopf, bestehend aus dem Vater, der das Geld nach Hause bringt und einer Mutter, welche sich um die gemeinsamen Kinder kümmert. Der Versorger gleicht damit dem Jäger und Sammler, der die nötigen Ressourcen für das Überleben der Familie auftreiben muss. Heute ist das in der Regel Geld, welches in beliebiger Form für die Versorgung eingetauscht werden kann. Ein guter Ernährer erwirtschaftet möglichst viel von diesem Zahlungsmittel, was der Familie einen hohen Lebensstandard sichert und ihn zu einer attraktiven Wahl für Frauen (mit Kinderwunsch) macht.

Dieser Beschreibung liegt ein bestimmtes Rollenverständnis der Geschlechter zu Grunde, welches über lange Zeit die Gesellschaft geprägt hat. Mit der Integration der Frauen in die Arbeitswelt sowie der Einführung eines allumfassenden Sozialstaats verliert dieses Rollenverständnis jedoch zunehmend an Bedeutung und gilt mittlerweile als „veraltet". In gleichem Maße verliert auch der Versorger an Wert und entsprechend ändert sich die Anspruchshaltung der Frauen an die Männer. Ich habe nun schon mehrfach auf die Relevanz dieser Entwicklung hingewiesen (siehe Kapitel 3). Sie bewirkt, dass Männer, die – im traditionellen Sinn – gute Ernährer-Qualitäten aufweisen immer weniger von den Frauen für diese gewürdigt werden. Ein schillerndes Beispiel sind die vielen Männer, welche in IT-Berufen, also DER Zukunftsbranche schlechthin, arbeiten, überdurchschnittlich verdienen und trotzdem auffallend häufig ein einsames Single-Dasein fristen, während der aufgeweckte Fitnesstrainer mit weit geringerem Einkommen die Betten der Damen wärmt. Ersterem mangelt es an dem, was ich Entertainer-Qualitäten nenne, während Letzterer ein schlechter Versorger sein mag, aber für (westliche) Frauen trotzdem die attraktivere Wahl sein kann. Und so verhält es sich für viele gutverdienende, vermeintlich langweilige Männer, die sich auf dem westlichen Partnermarkt unter Wert verkaufen.

Sollte ich bei dir, lieber männlicher Leser, einen Nerv getroffen haben und du bist kein „Freigeist", d.h. offen für eine langfristige Liebesbeziehung, dann kann ich dir den Blick nach Osten nur wärmstens empfehlen. Auch wenn du es dir nicht vorstellen kannst (vielleicht weil du nie ein „toller Hecht" warst), kommst du relativ nah an das heran, was russische Frauen als idealer Mann bezeichnen würden. Sofern du dich auf das Experiment einlässt, wirst du eine völlig neue Wirkung auf das schöne Geschlecht erfahren. Und ich rate dir zu diesem Schritt ins Ungewisse: du hast nichts zu verlieren aber viel zu gewinnen.

# 6. Von der Theorie in die Praxis

Vielleicht hast du, lieber männlicher Leser, im letzten Kapitel bemerkt, dass russische Frauen nicht deinem Wesen entsprechen. Ist eine Ausländerin überhaupt das, was du suchst? Ich hätte dir diese Erkenntnis freilich ersparen und dir stattdessen das nächste Buch aufschwatzen können. Vielleicht bin ich ein schlechter Verkäufer, doch mir ist es wirklich wichtig, dass diese Zeilen jemandem weiterhelfen. Eventuell hast du erkannt, dass sich der Blick nach Osten lohnen könnte. Wie dem auch sei, es macht keinen Sinn die Welt rosa oder schwarz zu malen. Hauptsache ist, dass du dich selbst und dein Umfeld realistisch einschätzen kannst. Am Ende gilt immer: Nimm das Leben wie es ist, aber mach das Beste daraus. Was das in der Praxis bedeuten kann, versuche ich im Folgenden aufzuzeigen.

## 6.1. Wenn du ein Gewohnheitstier bist...

Lieber männlicher Leser, bist du sicher, dass dir eine Ausländerin nicht das geben kann, was du suchst? Ich stelle dir diese Frage nicht ohne Grund, denn falls du Zweifel hast, solltest du deine Meinung überdenken. Jeder lebt nur einmal und da sollte keine Chance ungenutzt bleiben. Wie heißt es so schön: „Probieren geht über Studieren". Aber vielleicht hast du bereits deine Erfahrungen gemacht und dann habe ich bestimmt nicht das Recht dich eines Besseren zu belehren. In diesem Fall kann ich dir dennoch ein paar – im Sinne dieses Buches – unkonventionelle Tipps für die Praxis mitgeben.

Zunächst stellt sich die alles entscheidende Gretchenfrage: Was willst du eigentlich? Denn solltest du dieses Buch mit einer ernsten Absicht gekauft haben, dann darf ich davon ausgehen, dass du mit deinem Liebesleben unzufrieden bist. Eine Beziehung zu einer ausländischen Frau kannst du dir nicht vorstellen, aber auch mit den hiesigen Damen „klappt" es nicht so, wie du es gerne hättest und deine Ansprüche bleiben unerfüllt. Also was willst du eigentlich? Eine aufrichtige Partnerschaft, die dich gleichzeitig nicht zu sehr einengt? Nun, wenn du es selbst nicht ernst meinst, wie kannst du das im selben Atemzug von den Frauen verlangen? In einer sog. „offenen Beziehung" zieht ein Durchschnittsmann in Deutschland fast immer den Kürzeren. Solltest du nicht über entsprechende Entertainer-Qualitäten verfügen, darfst du deine Liebste dabei beobachten, wie sie ihren Marktvorteil zu schätzen lernt. In diesem Fall bleibt dir nichts ande-

res übrig, als mal wieder ins Fitness-Studio zu gehen und einen Dating-Guru deiner Wahl um Nachhilfe zu bitten, d.h. dir diese Entertainer-Qualitäten
durch harte Arbeit anzueignen. Bedenke aber, dass
du diesem Ziel nur so nahekommen wirst, wie es
deine natürlichen Grenzen zulassen. Zudem werden
dir die vielen anderen Selbstoptimierer nicht einfach so das Feld überlassen (Stichwort: Konkur-
renzdruck).

Aus diesem Grund mag es die weisere Entscheidung sein, eine stabile und ehrliche Liebesbeziehung anzustreben. Das ist vorbildlich, nur solltest
du es mit deiner Bodenständigkeit dann auch ernst
meinen. Beschränke dich auf die Frauen, die du
„stemmen" kannst, d.h. die dir nicht bei der ersten
Streitigkeit davonlaufen. Frag dich selbst, ob du
diese Frau ohne Ehevertrag heiraten würdest und
wenn nicht warum. Natürlich ist es ebenso eine
Mentalitätsfrage und einen Tipp, den ich dir sofort
geben kann, ist es dort nach der großen Liebe zu
suchen, wo sie noch einen Wert hat. Und manchmal sind das nicht die schnelllebigen Großstädte,
selbst wenn sie auf den ersten Blick ein „Mehr" an
Möglichkeiten versprechen.

Orientier dich an dem, was funktioniert, nicht an
dem, was du glaubst. Das bedeutet in der Praxis,
sich nicht immer davon blenden zu lassen, wie nett
und sympathisch eine Frau deiner Wahl auf dich

wirkt, sondern ihre Beziehungserfahrung kritisch zu hinterfragen. Auch wenn sie – Mitte dreißig – nun endlich „etwas ernstes" will, solltest du nicht allzu stolz darauf sein, dass sie dich für ihre (vielleicht kurzfristig) ehrlichen Absichten erwählt hat. Der Moment wird kommen, an dem ihr der „Kick" in euren Liebesleben fehlt. Dein ganzer Stolz wird dann dahinschmelzen, als wärst du auf den billigsten Hütchenspieler Trick hereingefallen. Eine Frau sollte Mitte dreißig wenigstens einmal in ihrem Leben vier Jahre am Stück in einer (monogamen) Partnerschaft verweilt haben, damit sie überhaupt für „etwas Ernstes" in Frage kommen kann. Schau eine Folge „Sex and the City" und dann weißt du, wonach du nicht suchen solltest.

Oder siehst du es anders? Dem modernen Feminismus wohnt ein verführerischer Fortschrittsgedanke inne, der so vernünftig klingt, als stehe die Zukunft unserer Welt schon in Stein gemeißelt. Diese sog. „öffentliche Meinung", die alltäglich von den Massenmedien gespeist wird, ist leider eine theoretische Wahrheit, der wir hinterherlaufen mögen, die sich aber in der Praxis nur selten verwirklichen lässt. Wie ich in Kapitel 2 aufgezeigt habe, werden Liebesbeziehungen nicht länger, sondern schnelllebiger (d.h. kürzer). Es gibt auch nicht mehr, sondern immer weniger Kinder, die in dieser scheinbar vernünftigeren Umgebung das Ideal der Emanzipation an zukünftige Generationen weiter-

170

geben könnten. Selbst der Spaßfaktor bzw. Sex hält sich in Grenzen. Du, als Individuum, bist ein freier Mensch, darfst dich sowohl von der „öffentlichen Meinung", sowie diesem Buch beeinflussen lassen, aber letztlich deine eigenen Schlüsse ziehen. Deswegen frage ich dich allen Ernstes: Was willst du eigentlich?

## 6.2. …oder Grenzen überschreitest

Lieber männlicher Leser, du hast sorgfältig überlegt und bist zum Schluss gelangt, dass dieses Buch deine Lebensrealität besser wiedergibt, als vieles was du bisher zum Thema Liebe und Partnerschaft gehört hast. Falls dem so sein sollte, dann hoffe ich, dass du jetzt auch entsprechend handelst. Und damit meine ich eben nicht, sich mit den Kumpels in der Kneipe zu treffen und über „die da oben" und ihren „Genderwahn" zu lästern. Selbst wenn es sich für einen Moment gut anfühlen mag den Frust von der Seele zu reden, so ändert es praktisch nichts an deiner Lebenssituation. Diese lässt sich nicht durch Reden, sondern Taten ändern. Dabei solltest du allerdings einen berühmten Spruch von Albert Einstein beherzigen: „Die Definition von Wahnsinn ist, immer wieder das Gleiche zu tun und andere Ergebnisse zu erwarten". D.h. es ist vielleicht an der Zeit etwas Neues auszuprobieren. Mir ist dabei völlig klar, wie extrem es auf manche wirken mag, wenn ich ihnen dazu rate, ihr Liebesglück im Ausland zu suchen. Allerdings würde ich ihnen diesen Schritt ins Ungewisse nicht zumuten, wenn er sinnlos wäre. Ich habe schon viele Männer dazu inspiriert, die diesen Schritt dann getan und nicht bereut haben. Dennoch kenne ich deine Bedenken und versuche im Folgenden, dir diese zu nehmen. Tatsächlich gibt es nichts zu verlieren, aber viel zu gewinnen.

## 6.2.1. Wie viel Luft habe ich nach oben?

Kommen wir zunächst zu einem Punkt, der dich, lieber männlicher Leser, wohl am meisten interessieren wird: Wie viel „besser" sind die Frauen, die du in Russland „bekommen" kannst?

Mit „besser" ist sowohl die körperliche als auch charakterliche Attraktivität gemeint. Erstere ist zum Großteil absolut, aber ebenso relativ. Absolut bedeutet, es gibt Frauen die fast niemand „von der Bettkante schubsen würde" und jene die fast unbemerkt durchs Leben gehen. Relative Schönheit ist in diesem Kontext die Standardabweichung der absoluten Schönheit. Sie kann eine durchschnittliche Frau für eine bestimmte Zielgruppe an Männern aufwerten, wenn diese „ihrem Typ" entspricht; d.h. dem Teil des Ausspruchs „Schönheit liegt im Auge des Betrachters", welcher durchaus wahr ist. Dass es eine absolute Schönheit nicht gäbe, sondern diese grundsätzlich relativ wäre, entspringt jedoch einer Wunschvorstellung (an die wir freilich gerne glauben, auch wenn sich in der Praxis niemand danach richtet). Das ist wichtig zu verstehen, ansonsten würde es keinen Sinn machen in den Flieger nach Russland zu steigen. Wir würden uns dann wieder in den Sphären eines „Jeder Deckel findet seinen Topf"-Idealismus bewegen, nach dem alle Menschen, alle Länder und damit alle Frauen gleich wären. Die Realität ist leider eine andere, denn in dieser lohnt es sich durchaus über den Tellerrand hinauszublicken. Ein deutscher Durchschnittsmann wird in Russland, gemessen an der absoluten Schönheit, die besseren Frauen für sich begeistern können (das „warum" haben wir in Kapitel 4.3.2 ausführlich geklärt). Es mag sein, dass nicht jede dieser Frauen dem eigenen Geschmack entspricht (Stichwort „relative Schönheit"), diejenigen die es tun werden aber insgesamt schöner sein als diejenigen, welche man(n) im Normalfall in Deutschland für sich begeistern kann.

Mit charakterlicher Attraktivität sind Eigenschaften gemeint, die eine harmonische Partnerschaft möglich machen. Diese setzt sich ebenso aus einer relativen und einer absoluten Komponente zusammen. Erstere ist individuell und hängt davon ab, ob die „Chemie stimmt". Darunter fällt neben gemeinsamen Interessen und ähnlichem auch Kapitel 5.3, nämlich ob du, lieber männlicher Leser, generell der richtige „Typ" für eine russische Frau bist. Doch selbst die charakterliche Attraktivität einer Frau hat eine absolute Seite, wegen der es sich durchaus „rentieren" kann, den Blick gen Osten zu wenden. Denn der Wert, der einer ernsten Partnerschaft beigemessen wird, ergibt sich oft aus der Mentalität, welche in einer Gesellschaft vorherrscht.

Die Attraktivität einer Frau setzt sich also aus einem relativen Teil, der nur auf dich, lieber männlicher Leser, und einem allgemeinen Teil, der auf alle Männer anziehend wirkt zusammen. Mit diesem Wissen lässt sich recht schnell klären, ob du Luft nach oben hast oder nicht. Wenn russische Frauen weder charakterlich noch optisch dein „Typ" sind, dann könntest du vielleicht absolut gesehen „etwas Besseres" bekommen, relativ gesehen aber nicht was das Ganze zu einem Nullsummenspiel für dich macht. Ganz anders verhält es sich, wenn du dem slawischen Frauentyp nicht grundsätzlich abgeneigt bist oder dir dieser charakterlich nähersteht, als du es dir vielleicht vorstellen magst (Stichwort „Romantiker", „Vater" oder „Versorger" bzw. Kapitel 5.3). In diesem Fall werden deine Ansprüche erfüllt oder gar übertroffen.

Der gemeine Leser wird sich fragen, was diese theoretische Aufschlüsselung der weiblichen Attraktivität soll und wo der Zusammenhang mit der Praxis wäre. Zum einen möchte ich klar machen, dass es vom Einzelfall abhängt, ob man(n) „etwas Besseres" bekommen kann oder nicht, da dieses „Besseres" zum Teil relativ ist und von den eigenen Vorlieben abhängt. Auf der anderen Seite möchte ich hervorheben, dass es gleichzeitig eine absolute Komponente gibt, sodass aufgrund der russischen Begebenheiten (Frauenüberschuss etc., siehe Kapitel 4.3.2) für den Durchschnitt der Männer gilt, dass sie mehr Luft nach oben haben. Dieser Zusammenhang ist wichtig zu verstehen, um sich auszumalen, ob der Blick nach Osten Sinn macht oder nicht.

Kommen wir nun aber in die Praxis zurück. Du, lieber männlicher Leser, bist der Meinung, dass du meiner Logik folgen möchtest, nach der du außerhalb des Westens, speziell in Russland, die Chance auf „etwas Besseres" hast. Doch wie viel Luft hast du wirklich nach oben und wo sind deine Grenzen? Zur groben Einschätzung gilt meiner Erfahrung nach zunächst, den eigenen Marktwert auf dem deutschen Partnermarkt zu ermitteln. Wie attraktiv sind die Frauen, die du dort für dich begeistern kannst? Ordne diesen (gedanklich) ein Rating von eins bis zehn zu. Wenn du dies getan hast, dann entspricht dein Aufwärtspotenzial auf dem russischen Partnermarkt zwischen ein bis drei Punkten auf dieser Skala. Das können bereits Frauen sein, für die dich andere Männer beneiden werden. Mit dieser Gleichung sind außerdem deine natürlichen Grenzen definiert. Der (unfreiwillige) Dauer-Single, der schon alles versucht hat, aber nur die Mauerblümchen pflücken durfte, sollte nicht die russische Schönheitskönigin im Sinn haben. Eine solche Konstellation fällt leider unter das, was ich als „ungleiche Paare" in Kapitel 4.3.2.1 beschrieben habe und wird, selbst wenn es den Anschein haben sollte, nicht funktionieren.

Wie viel Luft du nach oben hast hängt des Weiteren von der Art und Weise ab, wie du dich auf die Partnersuche im Ausland begibst. Bei der Suche über das Internet ist das Potenzial tendenziell kleiner als vor Ort, bei der direkten Kontaktaufnahme mit den Frauen (mehr dazu im nächsten Kapitel). Schließlich spielen individuelle Faktoren eine Rolle, die bereits thematisiert wurden. Ein guter Versorger wird auf dem russischen Partnermarkt das meiste Aufwärtspotenzial haben (d.h. anstatt einem eher drei Punkte auf der Attraktivitätsskala). Der „langweilige" Gutverdiener wir recht schnell merken was ich meine. Das Gesagte ist keine Formel nach der sich die Praxis zwingend richtet, sondern ein Anhaltspunkt, um darzustellen was möglich ist. Ich möchte eine einfache Message übermitteln: Der Blick über den Tellerrand lohnt sich.

## 6.2.2. Wie kann ich eine russische Frau kennenlernen?

Nachdem ich im letzten Kapitel deinen Appetit angeregt habe, geht es nun darum, wie du, lieber männlicher Leser, aus dieser Motivation heraus deinem Liebesglück näherkommst. Zunächst sei gesagt, dass es sich dabei um keine Mammutaufgabe handelt. Jeder – und damit meine ich wirklich jeder – kann russische Frauen kennenlernen und das evtl. leichter als es sich die meisten vorstellen können. Dies kann auf verschiedenen Wegen bewerkstelligt werden, die unterschiedliche Vor- und Nachteile mit sich bringen. Letztlich führen alle Wege nach Rom, nur tut es der eine besser als der andere. Welcher für dich der Beste ist, lässt sich nicht allgemein sagen, aber ich helfe dir dabei diese Frage zu beantworten.

## 6.2.2.1. Der direkte Weg

Die aufwendigste, aber dafür vielleicht aussichtsreichste Methode, um eine russische Frau kennenzulernen ist der direkte Kontaktversuch vor Ort. Jetzt wird der ein oder andere die Stirn runzeln. Wäre es nicht einfacher zunächst über das Internet auf Tuchfühlung zu gehen, bevor man in den Flieger nach Russland steigt? Ja wäre es, allerdings bist du, lieber männlicher Leser, nicht der Einzige der so denkt, weswegen die Konkurrenz im Netz groß ist. Hinzu kommt, dass du im Internet ausschließlich über dein Online-Profil punkten kannst. Dieses umfasst dein Profilbild und eine Beschreibung zu deiner Person, nur bist du in der Realität viel mehr als das. Eventuell fallen Seiten deiner Persönlichkeit unter den Tisch, die dich aus Sicht einer Frau attraktiv machen. Ich spreche von Eigenschaften, die ein überzeugendes Auftreten ausmachen. Vielleicht stichst du gewöhnlich durch eine charmante Art hervor, wegen der dich viele Menschen mögen. Selbst dein Aussehen wird auf das reduziert, was auf dem Profilbild zu sehen ist. Bist du z. Bsp. sehr groß, würde dieser potenzielle Pluspunkt auf der Straße wohl imposanter zur Geltung kommen.

Letztlich ist Dating, so unromantisch es klingen mag, eine Verkäufer-Käufer Beziehung, d.h. du solltest deine Vorzüge den Frauen deiner Wahl bestmöglich präsentieren, um ihr Interesse zu wecken. Wenn der direkte Kontakt dafür am besten geeignet ist, dann macht es nur Sinn es auf diese Weise zu tun[137]. Nun wird der Leser bemerken, dass Russland kein Ort ist, der ein paar Straßen weiter um die Ecke liegt. Für eine solche Expedition muss nicht nur ein Flug gebucht werden, es ist auch ein Reisepass nötig, samt Visum und der ganzen Bürokratie, die dazugehört. Unabhängig davon betritt man ein Land mit anderer Sprache und Ge-

wohnheiten, einen fremden Ort der Respekt ein-
flößt. Eine gewisse Orientierung ist nötig, um
überhaupt zu wissen, wo sich Frauen kennen lernen
lassen. Wer diese nicht hat, weil er z. Bsp. über
keinerlei Russisch-, ja nicht einmal Englisch-
Kenntnisse verfügt[138], sollte sich diese zuerst aneignen, um sich vor Ort auf das Wesentliche konzentrieren zu können.

Vorab sollten geeignete Lokalitäten zum Kennenlernen von Frauen ausgemacht werden, schließlich
ist die Urlaubszeit oder wenigstens das Visum auf
wenige Wochen begrenzt; Zeit die man(n) nicht
verschwenden sollte. Grundsätzlich empfehlen sich
hierfür größere Städte, wo die Mehrheit der Bevölkerung lebt, was der Tatsache geschuldet ist, dass
die Landflucht bzw. Verstädterung in Russland
stärker ausgeprägt ist als in Deutschland. Allerdings müssen es nicht zwingend die beiden Mega-
Cities Moskau und St. Petersburg sein. Kleinere
und in Deutschland eher unbekannte Großstädte
wie Stawropol, Nischni Nowgorod oder Nowosibirsk – um nur einige zu nennen – sind mindestens
genauso sehenswert, aber dafür weniger von Touristen überrannt. Letzteres bringt den Vorteil mit
sich, dass der „Wow"-Effekt, den ein westlicher
Mann dort auf eine russische Frau hat stärker ausgeprägt ist. In der Praxis ist es jedoch so, dass die
meisten Flüge von Deutschland nach Russland zunächst Moskau oder St. Petersburg ansteuern und

alles Weitere einen Anschluss-Flug (oder -Zug) benötigt. Ein Argument dafür seine Aktivitäten zunächst auf diese beiden Metropolen zu konzentrieren.

Wenn wir von Lokalitäten sprechen, dann wäre ebenso wichtig zu wissen, wo und wie man(n) in der jeweiligen Stadt am besten mit dem schönen Geschlecht in Kontakt tritt. Die augenscheinlichste Möglichkeit wäre einen Ort aufzusuchen, an den sich Singles in der Regel begeben, um sich gegenseitig kennenzulernen. Das kann eine Diskothek sein, wie der gut besuchte Icon Club in Moskau oder die ebenfalls beliebte Lomonosov Bar in St. Petersburg. Wer dort feiern möchte, sollte die Kleiderordnung beachten und das nötige Kleingeld mitbringen. Allgemein gilt, wer etwas auf sich hält, sollte das zeigen. Ich spreche nicht davon anzugeben, aber ein zu legerer Kleidungsstil, der im Westen „cool" und „locker" sein mag, wird im Osten mit einem schlechten Versorger-Status gleichgesetzt. Der entscheidende Unterschied zu einer deutschen Diskothek ist das „Mehr" an Frauen und ein anderes Selbstverständnis der Geschlechter. Beides führt dazu, dass vieles intuitiv abläuft, ohne dass ein Flirt-Coach Nachhilfe geben müsste. Die Frauen zeigen ihr Interesse sehr direkt, in der Regel durch tiefe Blicke. Dann ist ein Gentleman gefragt, der sie an die Bar entführt und auf ein Getränk einlädt. Wer denkt, dass sei in Deutschland ähnlich ignoriert, dass die „tiefen Blicke" wählerischer verteilt werden, deswegen weniger bedeuten und die Mehrzahl der Männer zum Narren halten oder erst gar nicht zum Zug kommen lassen; soll heißen, das Marktumfeld ist ein anderes.

Jetzt kann es sein, dass du, lieber männlicher Leser, schon weit jenseits des Diskoalters – „zu alt" ist freilich subjektiv – bist, weswegen du nach einer Alternative zu Techno, Schweiß und Blitzlicht suchst. Die gibt es, d.h. dezidierte Tanzveranstaltungen für Menschen mit einer bestimmten Reife, allerdings seltener und oft nur in Form eines einmaligen Events innerhalb einer bestimmten Lokalität. Es ist daher nötig sich ausreichend vorweg zu informieren. Leider wird man(n) diesbezüglich nur auf russischsprachigen Internetseiten fündig werden[139]. Des Weiteren sollte klar sein, dass die reiferen Frauen, welche solche Veranstaltungen besuchen, nicht zwingend einen deutschen Mann im Sinn haben. „Die jungen Mädels in der Disko doch auch nicht" mag der ein oder andere Leser nun einwerfen. Vollkommen richtig, nur verfügen Letztere meist über bessere Englisch-Kenntnisse und sind eher offen für neues (und damit leichter für einen Ausländer zu begeistern). Ich will es niemanden madig reden, generell empfehle ich „älteren" Herren aber die Suche über das Internet. Denn natürlich gibt es ältere Frauen, die von einem westlichen Mann träumen, nur findet man(n) diese am besten dort, wo sie sich als solche zu erkennen geben.

Neben offiziellen Events oder Lokalitäten zum gegenseitigen Kennenlernen steht es natürlich jedem frei Frauen „einfach so" auf der Straße anzusprechen. Klingt verrückt, kann aber funktionieren und das vielleicht besser als man(n) denkt. Gerade in den Städten, in denen Touristen bzw. englischsprechende Menschen eine Seltenheit sind, werden sich viele Frauen rein aus Neugierde auf ein Gespräch einlassen. Sie finden sich überall, sei es auf dem Vorhof einer Universität oder einem anderen Ort des persönlichen Geschmacks. Wer keine Scheu hat, kann auf diese Weise ganz ohne Diskolärm sein Ziel erreichen. Aber nicht jeder fühlt sich wohl beim Gedanken eine wildfremde Frau auf der Straße anzusprechen und ich verstehe das. Manch einer möchte gleich gar keinen Fuß nach Russland setzen, wenn er nicht weiß, dass ihn dort auch jemand erwartet. Denjenigen, die es etwas weniger spontan mögen, ist das nächste Kapitel gewidmet.

## 6.2.2.2. Internet-Dating

Wer auf Nummer sicher gehen möchte, kann vorab über das Internet seine Fühler ausstrecken und erst wenn er dabei Erfolg hat zur Tat bzw. den nächstgelegenen Flughafen nach Russland schreiten. Diese Vorgehensweise scheint sinnvoll, doch der Schein trügt. Denn zum einen gilt, was ist schon sicher auf der Welt? Wer weiß z. Bsp., ob die Dame aus dem Netz auch in der Realität so ist, wie man(n) es sich erhofft hat? Es gibt Möglichkeiten, dieses Risiko klein zu halten (und ich werde sie im Anschluss noch erläutern), trotzdem wird niemand abstreiten, dass wer sich im „echten Leben" kennenlernt in dieser Hinsicht besser fährt. Hinzu kommt, dass sich auf internationalen Internet-Dating Seiten eine Vielzahl an Betrüger tummeln, die es auf die zahlungskräftigen Männer aus dem Westen abgesehen haben. Auf manchen Plattformen ist es schwer, Frauen zu treffen, die es ernst meinen. Die Masse an Fake-Accounts kann dann schnell frustrierend sein. Wenn die Betrüger als solche bemerkt werden. Denn ihre Maschen sind vielfältig, aber professionell und für den Laien schwer zu durchschauen.

Ein weiteres Manko ist, dass auf vielen Online-Dating Plattformen ein deutlicher Männerüberschuss herrscht. Gewiss ist es der bequemere Weg, sich zu Hause mit dem Laptop aufs Bett zu setzen und ein paar ansprechenden Damen via Kurznachricht das Interesse zu bekunden. Auch wenn sie dieses nicht erwidern, so fühlt sich der Korb online bei weitem besser an als offline in der Disko. Das Problem ist aber, dass viele Männer diesen Vorteil erkannt haben. Dadurch schwinden die Chancen, dass gerade du, lieber männlicher Leser, die attraktiven Frauen mit ihren schönen Profilbildern für dich begeistern oder überhaupt deren Aufmerksamkeit erregen kannst, wenn diese aus einer Flut von Anfragen wählen müssen. Wer meint, er habe eine Plattform mit ausgeglichenem Geschlechterverhältnis entdeckt, sollte über weibliche Fake-Accounts Bescheid wissen, die hin- und wieder toleriert werden. Damit möchte ich keinesfalls den Eindruck erwecken, dass Internet-Dating per se eine Energie- und Zeitvergeudung sei, nur sollte sich jeder ebenso die Nachteile vergegenwärtigen, die damit verbunden sind.

Hierzu zählt auch, dass viele Männer ihre Vorzüge über ein Online-Profil nur suboptimal darstellen können. In erster Linie ist das Profilbild von Bedeutung, darum wirken diejenigen anziehend, die über ein fotogenes Äußeres verfügen. Der schmächtige Schönling vermag auf diese Weise den muskelbepackten Hünen ausstechen, selbst wenn dieser Ersteren auf der Straße vielleicht (wortwörtlich) in den Schatten stellen würde. Des Weiteren haben Männer, denen der Umgang mit Frauen schwerfällt, einen Vorteil dadurch, dass dieses Manko in der virtuellen Realität des Internets verschleiert werden kann. Jedoch rate ich dringend davon ab sich als James Bond zu verkaufen, wenn man(n) im „echten Leben" der schüchterne Underdog ist. Lügen haben kurze Beine und am

Ende ist die Enttäuschung groß, wenn der Schwindel auffliegt (und das wird er, denn Frauen sind oft schlauer als man(n) denkt). Nichtsdestotrotz begünstigt das Internet ruhige, introvertierte Männer, die im Netz genauso laut um Aufmerksamkeit buhlen können wie jeder andere. Solange man(n) es mit der Selbstdarstellung nicht übertreibt, ist es völlig legitim diesen Vorteil für sich zu nutzen. Bei der Suche im Netz ist es schließlich möglich, Frauen nach verschiedensten Kriterien (Hobbies, Beruf, etc.) vorzuselektieren. Man kann ein Date quasi organisieren und muss nicht darauf hoffen, dass in irgendeiner Disko schon die richtige anbeißen wird. Wer es lieber verbindlich mag, für den ist Internet-Dating also durchaus geeignet.

Bleibt die Frage, auf welchen Online-Dating Plattformen du, lieber männlicher Leser, russische Frauen bestmöglich kennenlernen kannst und wie du dabei vorgehen solltest. Im Grunde gibt es zwei Kategorien, und zwar kostenlose und kostenpflichtige Plattformen. Nun hat alles auf der Welt seinen Preis, weswegen erstere in der Regel einen höheren Männerüberschuss, aber v.a. in der Mehrheit weibliche Fake-Accounts aufweisen. Aus diesem Grund rate ich von der Verwendung einer kostenlosen Partnerbörse ab. Erfahrungsgemäß lohnen sich die geringen Mehrkosten für eine kostenpflichtige Plattform allein dadurch, dass man(n) weniger Zeit für die falschen Frauen verschwendet. Mittlerweile haben sich in Osteuropa Firmen etabliert, die auf Scam und Betrug ihr Geschäftsmodell aufgebaut haben. Sie überschwemmen die kostenlosen Internetdating-Seiten mit Fake-Profilen, über die sie westlichen Männern eine Kommunikation und die große Liebe vorgaukeln. Zumindest so lange, bis Geld für ein Flugticket, die kranke Mutter oder ähnliches geschickt wird.

Damit möchte ich nicht sagen, dass sich auf kostenpflichtigen Plattformen keine Betrüger tummeln. Aber es wird jede Frau, die sich registriert in der Regel stärker geprüft. Ein guter Plattformbetreiber hat intelligente Mechanismen, um Betrüger zu identifizieren und zu blockieren. Zudem scheuen Kriminelle die Gebühren, die sich beim Registrieren auf einer kostenpflichtigen Plattform ergeben. Genauso manche Männer, deswegen ist der Frauenanteil auf einer solchen Plattform deutlich höher. Damit einhergehend bekommt man(n) mehr weibliche Zuschriften und hat eine größere Chance auf Erfolg. Wer es ausprobieren möchte, kann sich gerne auf unserer Internet-Dating Seite slovedating.com kostenlos registrieren und mit drei Damen in Kontakt treten. Wir achten auf ein qualitativ hochwertiges Erlebnis für unsere Kunden.

Dazu werden in einem ersten Schritt zwei bis drei Fotos benötigt, auf denen man sich von der besten Seite zeigt. Eines davon wird das Profilbild, welches du, lieber männlicher Leser, mit Bedacht wählen solltest. Es ist der wesentliche Grund dafür, ob du „weggeklickt" wirst oder nicht. Es lohnt sich daher, Zeit und Energie in ein Fotoshooting zu investieren. Speziell für russische Frauen gilt: Versorger- vor Entertainer-Status. Dies bringt den Vorteil mit sich, dass du mit guter Kleidung auf den Bildern punkten kannst (selbst wenn du nicht wie James Bond aussehen solltest). Es dauert eine Zeit bis man merkt welche Fotos „likes" generieren und welche nicht. Das zweite K.o.-Kriterium ist deine Profilbeschreibung. Dort solltest du deine Versorger-Qualitäten hervorheben und dich aufrichtig zeigen. Die Berufsbezeichnung „Frauenversteher ;)" mag z. Bsp. bei der ein oder anderen deutschen Dame für ein „hihihi" sorgen und vielleicht dadurch (zusammen mit einem ansprechenden Profilbild) den unterhaltsamen Einstieg zu einem Chat ermöglichen[140], in Russland tut es das definitiv nicht. Gib ruhig auch deine Religionszugehörigkeit an, denn viele russische Frauen, selbst wenn sie keine regelmäßigen Kirchengänger sind, legen auf eine gemeinsame kulturelle Basis Wert (da sie bereits in die Zukunft denken und eine dauerhafte Partnerschaft im Sinn haben, d.h. „Erfahrungen sammeln" ist ihnen fremd). Natürlich sollte sich das Profil nicht steril wie ein Lebenslauf lesen lassen. Unter „Lebensmotto" und „Hobbies" darf man(n) ruhig einen Teil seiner Persönlichkeit präsentieren. Genauso wie ein Profilbild (welches aber nicht das Hauptfoto sein sollte) das Ausüben einer Freizeitbeschäftigung zeigen darf. Auf den Gesamteindruck kommt es an, und dieser sollte einen Hauch seriöser sein, als es für eine deutsche Online-Dating Plattform zu empfehlen wäre (was sich aus der unterschiedlichen Wertschätzung von Entertainer- und Versorger-Qualitäten ableitet).

Hat eine Dame der Wahl das Interesse erwidert, ist es wichtig, auf schnellsten Weg vom reinen Textchat- in einen Videochat-Modus überzugehen (Stichwort „Skype"). Dadurch wird die Kommunikation persönlicher, sozusagen auf die nächste Stufe gehoben und damit intensiver. Viele scheuen diesen Schritt, aus Angst ihrem Gegenüber, mit dem sie über Wochen die schönsten Nachrichten ausgetauscht haben, nun zu verschrecken. Es sollte klar sein, dass Emotionen dieser Art hochgradig kontraproduktiv sind. Schließlich soll Internet-Dating kein Selbstzweck sein, sondern am Ende zu einem Treffen in der „echten Welt" führen. Damit es dazu auch kommt, sowie um böse Überraschungen zu vermeiden, ist dieser Schritt sehr zu empfehlen. Ob die „Chemie stimmt", lässt sich bereits im Videochat erahnen und das mit relativ hoher Wahrscheinlichkeit. Besser die Enttäuschung kommt früh als zu spät. Allein die hohen Flugkosten sind es wert, sowie die Zeit, die man(n) nicht länger als notwendig an die falschen Frauen verschwendet. Aber der Videochat ist nicht nur als

Frühwarnsystem zu verstehen, sondern sorgt im „Gutfall" dafür, dass die emotionale Bindung verstärkt wird. Dies verringert die Wahrscheinlichkeit, dass einem das Liebesglück plötzlich abhandenkommt. Ein Briefwechsel sorgt Anfangs für Fantasie, verliert jedoch schnell an Reiz und muss dann durch eine intimere Form der Kommunikation abgelöst werden. Wenn auch beim Videochat die Emotionen abebben (im Sinne von „toller Mensch, aber wird das noch was?"), ist die Zeit endlich reif für ein persönliches Treffen.

Doch für viele wird auch dieser Weg steinig sein. Wir sprechen von Frauen aus einem fremden Land und Kulturkreis, die eine fremde Sprache sprechen und fremde Erwartungen an einen Mann hegen. Wer trotz der schönen Theorie ein flaues Gefühl im Magen hat, dem stelle ich im folgenden Kapitel eine Art Hilfestellung vor. Sie kann ebenso als Möglichkeit verstanden werden, um den Erfolg bei russischen Frauen zu steigern.

## 6.2.2.3. Agentur

Eine Behörde oder ein Unternehmen, welches sich in irgendeiner Form auf Vermittlungsaktivitäten spezialisiert hat, nennt man gemeinhin „Agentur". Wer Arbeit sucht, wendet sich an die Bundesagentur für Arbeit. Wer bekannt werden möchte, wendet

189

sich an eine Werbeagentur. An wen wendet sich
aber jemand, der eine Partnerin sucht? An ein Unternehmen, dass sich auf den Bereich der Partnervermittlung spezialisiert hat, also eine sog. „Part-
neragentur". Ja es gibt selbst solche, die sich zur
Aufgabe gesetzt haben, deutsche Männer und russische Frauen zusammenzubringen. Aus diesem
Grund haben meine Frau und ich uns dazu entschlossen die Agentur „SloveCoach" zu gründen.
Doch das Folgende soll kein Werbeblock sein, sondern schlicht und ergreifend die Dienstleistungen
aufzeigen, welche einem ein professionelles Unternehmen aus dem Bereich der Partnervermittlung
bieten kann. Der wesentliche Vorteil besteht darin,
dass eine solche Agentur über Erfahrung und Wissen, aber auch Kontakte, darunter einen Katalog an
Partnervorschlägen, d.h. russischer Frauen, die sich
ihrerseits bei der Agentur angemeldet haben, verfügt, was das gegenseitige Kennenlernen erheblich
erleichtern kann.

Zum einem werden Workshops, Seminare oder
Schulungen angeboten, um einem deutschen Mann
die passenden Fertigkeiten mitzugeben, damit er
russische Frauen verstehen lernt, mit ihnen umzu-
gehen weiß und beim Dating den maximalen Erfolg
hat. Z. Bsp. wird ein theoretisches Verständnis der
russischen Kultur und Mentalität gelehrt, auf was
beim zwischenmenschlichen Umgang bzw. in der
Praxis zu achten ist. Der Kurs „Flirten auf Rus-

sisch" ist ein Sprachkurs der besonderen Art, welcher von meiner Frau im Rahmen unserer Agentur angeboten wird. Der Sprung ins kalte Wasser wirkt wärmer, wenn man sich dem Thema auf diese Weise nähert.

Neben Workshops, die für Gruppen abgehalten werden, beraten manchen Agenturen auch persönlich, d.h. in einer Art betreuenden Coaching für den gesamten Prozess des „sich Kennenlernens". Dazu gehören Schulungen und die individuelle Umsetzung der Frage „Wie lerne ich eine russische Frau kennen". Ein spezieller Service ist die „Notfallnummer", die man(n) selbst in der russischen Pampa rufen kann, wenn einem eine Frau widersprüchliche Signale sendet. Zuletzt wird bei bürokratischen Fragen geholfen; wer sich nun fragt weshalb das nötig sei, wird es verstehen, sobald ihm eine Ausländerin das „Ja"-Wort gibt (und mit ihm in Deutschland zusammenleben möchte).

Ein Angebot der besonderen Art sind dezidierte Single-Partys, die eigens dafür organisiert werden, damit sich russische Frauen und deutsche Männer gegenseitig kennenlernen können. Um ein solches Event auf die Beine zu stellen, bedarf es eben jener Kontakte und Möglichkeiten, über die eine länderübergreifende Agentur verfügt. Die Veranstaltungen finden sowohl in Deutschland, v.a. aber in Russland statt, passend zur Etikette, dass der Mann zur Frau kommt und nicht umgekehrt. Der Mehraufwand wird im Gegenzug mit einem „Mehr" an Auswahl belohnt (denn wo gibt es mehr russische Frauen als in Russland?). Der Vorteil einer solchen Veranstaltung liegt darin, dass alle zum selben Zweck teilnehmen, doch trotzdem gilt: alles kann, nichts muss.

Da die Agentur sowohl in Russland als auch in Deutschland aktiv ist, kann sie direkt als Vermittler zwischen beiden Seiten agieren und jeweils einen Katalog an Partnervorschlägen anbieten. Im Vergleich zum Internet-Dating werden die Nutzer bei ihrer Anmeldung stärker geprüft, was die Wahrscheinlichkeit erhöht, dass es sich bei diesen um seriöse Kandidaten bzw. Kandidatinnen handelt. Der wesentliche Unterschied besteht aber darin, dass ein Partner vermittelt wird, d.h. die Agentur übernimmt bei Bedarf auch gerne die Suche nach einem potenziellen Partner. Wer sich z. Bsp. aus Zeitmangel nicht auf Brautschau begeben kann, hat dadurch die Möglichkeit diese Aufgabe zu delegieren.

Zusammenfassend kann ich dir, lieber männlicher Leser, nur empfehlen, einmal die Internetseite einer solchen Agentur – und ich verweise an dieser Stelle gerne auf meine eigene (www.slovecoach.com) – zu besuchen. Melde dich bei uns einfach für ein kostenloses Erstgespräch, dann können wir dir ger-

192

ne helfen, deine potenzielle Traumfrau zu finden. Letztlich ist Liebe und Partnerschaft ein wesentlicher Teil, wenn nicht das prägendste Element unseres Lebens. Es lohnt sich darin zu investieren.

### 6.2.3. Perspektive

Auf welchem Weg auch immer, du, lieber männlicher Leser, hast es geschafft. Du konntest das Interesse einer russischen Frau deiner Wahl wecken, doch fragst dich nun, wie du weiter vorgehen sollst. Wer die Message dieses Buches verinnerlicht hat, dem wird sich vieles wie von selbst ergeben. Vergiss die frechen Sprüche und alles, was dir westliche Pick-Up Gurus beigebracht haben. Sei gerne humorvoll – wenn es das ist, was dich ausmacht –, aber geh insgesamt direkter, geradliniger vor, als du es bei einer deutschen Frau tun würdest. Zeig, dass du es aufrichtig meinst und verdränge die Gedanken, dass dir deine Ehrlichkeit den „LANGWEILIG"-Stempel aufdrücken könnte. Lass deine Gefühle ruhig raus, falls dir danach ist, weil so machen es alle in Russland (und niemand sieht dies als „unschick" oder „primitiv" an). Du wirst wie von selbst deine Männlichkeit wiederentdecken, sobald du eine feminine Frau an deiner Seite hast. Es wird sich gut und natürlich anfühlen. Ehe du dich versiehst, spielst du die Versorger-Rolle und findest Gefallen daran. Kämpfe nicht dagegen an, sondern lass diese Veränderung zu. Es ist die Macht der Gewohnheit, die dich bremst und immer wieder zurückwirft. Du solltest sie dringend hinterfragen, denn was hat sie dir bisher gebracht?

Sie entstammt einer Fülle an Einflüssen aus der Gesellschaft, in der du lebst, nicht mehr und nicht weniger. Plötzlich fragst du dich: Wird eine russische Frau in Deutschland zu einer deutschen Frau und dich am Ende verlassen? Diese Frage wird in einigen Köpfen herumgeistern. Von den Zahlen her scheint die binationale Ehe mit einer osteuropäischen Frau besonders stabil zu sein (anders lässt sich die zitierte Studie in Kapitel 5.1 kaum interpretieren). Wieso das so ist und weshalb man(n) keine „feministische Gehirnwäsche" befürchten muss, lässt sich recht einfach am Beispiel einer deutschen Großstadt nachvollziehen. Wohin man dort auch sieht, gibt es unterschiedliche Kulturen und Subkulturen, die völlig unbehelligt nebeneinander vor sich her leben. Anhand dieser sog. „Parallelgesellschaften" kann sich jeder beruhigen. Man hält sich an die Gesetze, aber ignoriert die äußeren Einflüsse und bleibt sich treu. Und so würde es auch heute eine Migrantin aus Russland tun. Gerade wenn sie ihre Jugend nicht in Deutschland verbracht hat, also die Zeit, die Psychologen als „Adoleszenz" bezeichnen würden, in der die Einflüsse aus der Gesellschaft ihre Wirkung entfalten und die persönliche Weltanschauung prägen. Es ist daher unwahrscheinlich, dass sie sich im Erwachsenenalter von der femininen Russin zu einer feministischen Deutschen umerziehen lässt. Befürchtungen dieser Art entstammen der „alle Menschen sind gleich"-Ideologie, nach der sich am Ende immer die eigene, vermeintlich vernünftigste aller Zivilisationen durchsetzt (der Aufstieg Chinas und anderer Schwellenländer sollte dieser Denke schon bald Abhilfe schaffen).

Nach meiner Erfahrung zerbricht die deutsch-russische Liebesbeziehung nur, wenn es einen ernsten Grund dafür gibt (der in der Regel ernster als derjenige ist, welcher die Trennung einer deutsch-deutschen Liebesbeziehung einleitet) oder sie von Anfang an auf wackeligen Beinen stand (siehe „ungleiche Paare" in Kapitel 5.1). Ansonsten sind russische Frauen ein Segen für jedermann, der sie zu schätzen weiß. Wir leben heute in einer Welt mit unbegrenzten Möglichkeiten und beschränken uns doch auf diejenigen davon, welche uns einfach, weil „normal" erscheinen. Sollte sich auf diesem Weg der Allgemeinheit kein Erfolg einstellen, halten wir trotzdem daran fest, als sei es irgendetwas heiliges, das man nicht hinterfragen dürfe. Falls dich dieses Buch inspiriert hat, dann verstehst du das rebellische Ausmaß hinter dem Gedanken: „Gut ist, was dich glücklich macht". Wenn dich deutsche Frauen unglücklich machen, dann belass es dabei und such dir andere.

# 7. Schlusswort

Dieses Buch ist kein gewöhnlicher Ratgeber; nicht das, was man gewöhnlich liest, wenn ein Autor das Leben der Menschen verbessern möchte. Die Message ist eine andere, denn im Gegensatz zu den gängigen Floskeln der Selbstoptimierer („wie du von heute auf morgen ein anderer Mensch wirst") möchte ich dich, lieber männlicher Leser, gar nicht ändern. Vielleicht hättest du das sogar nötig, aber warum soll ich etwas schreiben, was tausende vor mir schon geschrieben haben? Und nicht jeder von euch hat Grund zu Selbstzweifel. Die meisten (unfreiwilligen) Single-Männer in meinem Bekanntenkreis sind anständige Kerle. Keine klassischen „Versager", da sie nicht selten gut verdienen. Ihnen mangelt es an dem, was ich Entertainer-Qualitäten nenne, Eigenschaften, die mit fortschreitender Zivilisation an Bedeutung gewinnen.

Warum sonst gibt es heute einen florierenden Markt für Flirt-Coaches, deren Zielgruppe in erster Linie Männer sind. Es führt ebenso vor Augen, inwieweit die Beziehung der Geschlechter zueinander gestört ist. Die vielbeschworene Spaltung der westlichen Gesellschaft erfolgt nicht nur über eine Einteilung in Globalisierungsverlierer und

-gewinner, Digitalisierungsversteher und Offliner oder Stadt- und Landbewohner. Das Aufkeimen des sog. „Rechtspopulismus" in Europa ist zum Großteil männlich geprägt; dem gegenüber stehen die sog. „progressiven" Parteien mit ihrer überwiegend weiblichen Wählerschaft (man vergleiche dazu einfach das Wahlverhalten bzgl. „Afd" und „Grüne" in Deutschland[141]). Auch nachlassende Geburten, die mit einer zunehmenden Vergreisung des Westens einhergehen sind Teil dieser Entwicklung. Sie ist von diesem Standpunkt aus betrachtet alles andere als „progressiv" und birgt sozialen Sprengstoff, den wohl kommende Generationen werden ausbaden müssen.

Ist dieses Buch am Ende nur eine Gesellschaftskritik, ein weiterer Aufreger für die (vermeintlich) „stille Mehrheit" im Land? Nein oder zumindest nicht in der Form, als dass ich Menschen dazu auffordere dem herrschenden Zeitgeist entgegenzutreten, um ihn durch etwas Besseres zu ersetzen. Die Gesellschaft ist ein Organismus, der sich von selbst entwickelt, worauf der Einzelne keinen Einfluss hat. Genaugenommen sind wir sogar Teil dieser Entwicklung, egal welchem politischen Lager wir uns auch zuordnen mögen. Es hat einen Grund, weshalb gewisse Themen gerade heute diskutiert werden und nicht schon vor dreißig Jahren. Um es verständlicher zu machen (und den Bereich des Philosophischen zu verlassen): Es ist erfolgsversprechender die Eigeninitiative zu ergreifen, als zu erwarten, dass sich die Welt um einen herum ändert. Allein deswegen ist dieses Buch von mir für die Praxis gedacht.

Meine Aufforderung an dich, lieber männlicher Leser, deine Partnerwahl zu überdenken, ist ernst gemeint. Wenn die (zugegeben etwas unkonventionellen) Ratschläge in diesem Buch dem ein oder anderen Mann helfen sollten, macht mich das wirklich glücklich. Denn ich kenne die vertrackte Situation, in der sich das „starke" Geschlecht heute im Westen befindet. Emanzipierte, handzahme Männer – gerade im Vergleich zu nicht-westlichen Männern –, oft mit guter Arbeit und Einkommen finden keine Frau, mit der sie eine Familie gründen oder zumindest eine Partnerschaft eingehen könnten. Das geht soweit, dass sie sich komplett aus dem Partnermarkt zurückziehen und das oft schon im besten Alter. Die Krönung des Wahnsinns ist, dass außerhalb des Westens Frauen für eben jene Männer Schlange stehen würden. Attraktive Frauen die in genau diesen Männern, die hierzulande als „langweilig" ausrangiert werden, den perfekten Ehemann sehen. Es könnte so einfach sein, die Globalisierung für sich zu nutzen. Dieses Buch ist nicht mehr als ein pragmatischer Ratschlag: Du lebst nur einmal, also hol' für dich das Beste aus dieser Welt was du bekommen kannst.

# I. Westliche Männer, die osteuropäische Frauen lieben

1. Till Lindemann (Sänger der Band Rammstein)[142] + Switlana Loboda (Ukrainische Sängerin) (Affäre)
2. Rudolf Schenker (Gitarrist und Komponist der Band Scorpions) + Tatyana Sazonova (Russin)
3. Enrique Iglesias (Spanischer Sänger) + Anna Kurnikowa (Russische Tennisspielerin)
4. Jared Leto (US-amerikanischer Sänger und Schauspieler) + Valery Kaufman (Russisches Model)
5. Bradley Cooper (US-amerikanischer Schauspieler) + Irina Shayk (Russisches Model) (getrennt)
6. Ashton Kutcher (US-amerikanischer Schauspieler) + Mila Kunis (US-amerikanische Schauspielerin, geb. Ukraine)
7. Adrien Brody (US-amerikanischer Schauspieler) + Lara Lieto (Russisches Model) (getrennt)
8. Mel Gibson (US-amerikanischer Schauspieler) + Oksana Grigorieva (Russische Sängerin) (getrennt)
9. Jim Carrey (US-amerikanischer Schauspieler) + Anastasia Vitkina (Russin) (getrennt)
10. Johnny Depp (US-amerikanischer Schauspieler) + Polina Glen (Russische Go-go-Tänzerin) (getrennt)

11. Fernando Alonso (Formel-1 Rennfahrer) + Dasha Kapustina (Russisches Model) (getrennt)
12. Antoine Arnault (CEO von Berluti) + Natalia Vodianova (Russisches Model)
13. Peter Bakker (Niederländischer Geschäftsmann) + Natasha Poly (Russisches Model)
14. Ernst August von Hannover („Welfenprinz" aus dem Adelshaus der Welfen) + Ekaterina Malysheva (Russische Designerin)

# II.Endnotenverzeichnis

[1] Das ist immerhin ein wesentlicher, wenn auch nicht der einzige Grund für den niedrigen Frauenanteil in der Wählerschaft sog. "rechtspopulistischer" Parteien (vgl. [1]).

[2] Vgl. [2].

[3] Vgl. [3].

[4] Vgl. [4].

[5] Vgl. [5].

[6] Vgl. [6].

[7] Vgl. [7].

[8] Vgl. [8].

[9] Vgl. [9].

[10] Bei der Befragung 2016 gaben nur 71,2 Prozent der Männer zwischen 18 und 30 an, „sexuell aktiv zu sein", während es vor zehn Jahren noch etwa 88 Prozent waren (vgl. [8]). Es ist allerdings allgemein bekannt, dass das starke Geschlecht auch mal gerne aufrundet, wenn es um die Zahl seiner Geschlechtspartner geht (um den richtigen Wert zu erhalten, muss man angeblich durch 2 teilen – bei Frauen soll es sich umgekehrt verhalten). Aus diesem Grund kann es gut sein, dass die Verhältnis-

se noch viel schlimmer sind, als sie in dieser Studie dargestellt wurden.

[11] Vgl. [10].

[12] Den beziehungsresistenten Lebemann aka Typ Frauenschwarm meine ich hier z. Bsp. nicht.

[13] Wenn dein langjähriger Single-Kumpel plötzlich keine Zeit mehr für dich hat, dann liegt das oft daran, dass er nun eine Frau im Leben hat (komischerweise ist ihm plötzlich Saufen, Fußball und MGTOW nicht mehr so wichtig). Ich möchte aber anmerken, dass man Freundschaften immer pflegen sollte.

[14] Ein Sonderfall ist der Klostermönch. Durch die Abgeschiedenheit, die alltägliche spirituelle Praxis und der starken Bindung zu Gott (was oft mit „in meinem Herzen ist nur Platz für eine Liebe" bezeichnet wird) ist ein glückliches Leben jederzeit auch ohne die Anwesenheit von Frauen möglich. Die immer wieder hochschwappenden Missbrauchsskandale, die eine breite Diskussion um das Zölibats Gelübde der katholischen Kirche entfachten, zeigen aber, wie schwer das Einhalten der religiösen Konventionen bereits für einen einfachen Pfarrer sein kann.

[15] Tatsächlich ist dieser Optimismus auch Teil des Konzepts; in der Szene spricht man in diesem Zusammenhang vom „Framing". Dies beschreibt eine NLP-Technik (wer wiederum wissen will, was NLP ist, den muss ich leider an „google" verweisen), bei der es darum geht sich in seinem Selbstvertrauen an eine bestimmte Selbstwahrnehmung wie z. Bsp. „ich bin ein

cooler Weiberheld" nicht beirren zu lassen, z. Bsp. eben von einer Frau im Kontext eines Flirtvorgangs. Wer nicht nachgibt, auch wenn die Frau Anzeichen macht, dass sie dich furchtbar findet, wird für sein starkes „Frame" belohnt. Die Frau wird – so zumindest die Theorie – letztlich ihre Meinung ändern und dich wirklich für einen „Weiberheld" halten. Ich möchte darauf hinweisen, dass Letzteres auch bedeuten kann: „ich finde ihn zum Kotzen, welche Frauen lassen sich auf so eine Null-Nummer ein?".

[16] Natürlich hätte man dieses Gleichnis auch umkehren können, d.h. der Mann kauft eine Frau und symbolisiert die Nachfrage usw. usf. Ich denke aber, dass es sich moralisch heutzutage besser anfühlt, wenn die Frau den Mann kauft. Außerdem will ich nur, dass jeder weiß was ich sagen will.

[17] Vgl. [11].

[18] Ein berühmtes Beispiel aus der nahen Vergangenheit war die sog. Abwrackprämie, mit welcher die deutsche Bundesregierung, die von der Finanzkrise 2007/08 hart getroffenen Automobilindustrie wieder auf die Beine helfen wollte.

[19] Vgl. [12].

[20] Vgl. [13].

[21] Vgl. [14].

[22] Ich möchte an dieser Stelle anmerken, dass die Message nicht sein soll, man(n) müsse Akademiker sein um als "guter Ernährer" zu gelten. Ein Studium allein macht

niemanden reich, sehr wohl aber eine solide Ausbildung, die mit dem richtigen wirtschaftlichen Gespür einhergeht. Es wird einen Grund haben, warum böse Zungen ein Studium der Philosophie mit dem klassischen Taxiführerschein gleichsetzen (wobei sicherlich auch auf diesem Gebiet Möglichkeiten existieren, um gutes Geld zu verdienen).

[23] Vgl. [15].

[24] Vgl. [16].

[25] Vgl. [17].

[26] Vgl. [18].

[27] Es ist immer erheiternd, wenn zivilisierte Menschen die Steinzeit als einen erstrebenswerten Zustand lobpreisen.

[28] Vgl. [19].

[29] Vgl. [20].

[30] Vgl. [20].

[31] Vgl. [21].

[32] Vgl. [22].

[33] Vgl. [23].

[34] Freilich spielen hier noch andere Faktoren eine Rolle. U.a. anderen gelten Landwirte oft nicht mehr als „sexy" (Kapitel 3.3), daneben zwingt das Leben auf dem Bauernhof die Frauen meist dazu, ihre eigenen Karriere-Ambitionen über Bord zu werfen (Kapitel 3.1).

[35] Vgl. [24].

[36] Vgl. [25].

[37] Tatsächlich sind es noch mehr, da sog. „Familiennachzügler" nicht Teil dieser Zahlen sind (davon gab es im Jahr 2016 z. Bsp. rund 100000, vgl. [26]).

[38] Vgl. [26].

[39] Vgl. [25].

[40] Vgl. [25].

[41] Vgl. [27].

[42] Vgl. [28].

[43] Vgl. [5].

[44] Vgl. [29].

[45] Vgl. [30].

[46] Wenn rechte Parteien zum Schutz deutscher Frauen vor vermeintlichen „Vergewaltigern aus dem Ausland" aufrufen, lockt das ironischerweise v.a. eine männliche Wählerschaft an die Wahlurnen (vgl. [1]). Die Frauen selbst, gerade wenn sie jung sind, sehen in den „Flüchtlingen" keine Gefahr, sondern eher ein „mehr" an Auswahl.

[47] Vgl. [31].

[48] Man munkelt, gutaussehende Männer seien hiervon seltener betroffen bzw. was als sexuelle Belästigung empfunden wird ist oft auch relativ. Die Angst vor einer harschen Zurückweisung bewirkt zumindest, dass im-

mer mehr Männer in die Welt des Online-Datings flüchten.

[49] Das kommunistische Ideen immer wieder scheitern, aber trotzdem nie an Reiz verlieren, ist wohl eines der besten Beispiele dafür, wie lernresistent die Menschheit eigentlich ist (ohne den Kapitalismus damit von seinen Sünden freisprechen zu wollen).

[50] Ich bin kein Freund von Verschwörungstheorien, aber in diesem Zusammenhang kann man von einem System aus Medien und Politik sprechen, dass in jedem Land auf der Welt den herrschenden Zeitgeist prägt, doch ebenso repräsentiert. Damit ist das gemeint, was als „normal" empfunden und damit auch dich als Individuum in deinem Weltbild maßgeblich beeinflusst. Das tut es selbst dann, wenn du dich für einen Freigeist halten solltest.

[51] Allerdings sollte der kritische Leser bedenken, dass jeder Zeitungsartikel ebenfalls subjektiv, also niemals als reine, objektive Wahrheit zu interpretieren ist. In der Regel spiegelt sich darin nur die Meinung der Redaktion wider (der sich jeder Journalist, sofern er seinen Job behalten will, unterzuordnen hat).

[52] Vgl. [32].

[53] Vgl. [33].

[54] Vgl. [34].

[55] Vgl. [35].

[56] Vgl. [36].

[57] Vgl. [37].

[58] Vgl. [38].

[59] Vgl. [39].

[60] Vgl. [40].

[61] Vgl. [41].

[62] Vgl. [42].

[63] Ich meine hier echte und nicht relative Armut. Für ein besseres Verständnis empfehle ich den nächsten Urlaub je nach Geschmack in Afrika oder Indien zu verbringen.

[64] Nein, damit meine ich nicht, dass Frauen oder Menschen im Allgemeinen als kaufbare Waren aufgefasst werden sollen. Es ist nur so, dass nicht immer alles gleich ist, was gleich aussieht. So kann es eben sein, dass zwei ähnlich attraktive Frauen, die aber aus unterschiedlichen Ländern stammen, eine unterschiedliche Vorstellung von ihrem Traummann haben.

[65] Natürlich gibt es zu jeder Regel eine Ausnahme, was aber nicht bedeutet, dass die Suche nach der Nadel im Heuhaufen eine sinnvolle Angelegenheit ist. Noch dazu, wenn daraus falsche Hoffnungen entstehen.

[66] Vgl. [43].

[67] Vgl. [44].

[68] Vgl. [45].

[69] Ich gehe davon aus, dass der gemeine Leser auch noch in zehn Jahren die Anspielung auf den Flughafen

Berlin Brandenburg, den meisten als „BER" bekannt, verstehen wird. Was das betrifft bin ich optimistisch (oder pessimistisch, je nach dem).

[70] Es gilt dennoch: Wo ein Wille ist, ist auch ein Weg. Ich spreche hier lediglich von Wahrscheinlichkeiten.

[71] Vgl. [46].

[72] Vgl. [47].

[73] Tatsächlich hinkt Westeuropa schon jetzt in vielen technischen Bereichen hinterher (künstliche Intelligenz, elektronisches Bezahlen oder Biotechnologie, um nur einige zu nennen).

[74] Vgl. [46].

[75] Die Zeiten, in denen Sex-Tourismus eine perverse Sache ist, zu der nur alte weiße Männer fähig sind, ist längst Vergangenheit. Immer mehr westeuropäische Frauen zieht es nach Afrika (vgl. [48]). Ob sie dort den Versorger oder eher Entertainer-Typ suchen, ist eine Frage, die sich jeder selbst beantworten kann.

[76] Vgl. [49].

[77] Vgl. [50].

[78] Vgl. [51].

[79] Vgl. [52].

[80] Auch wenn jetzt wieder einige Männer einwenden werden, dass sie eben eine „gleichberechtigte" Beziehung führen, so behaupte ich trotzdem, dass es im Zweifel eher die Frauen sind, welche die „Hosen anhaben".

Warum? Sie würden als Single in Deutschland einfach besser dastehen, d.h. hätten die größere Auswahl usw. usf., was sich natürlich auch auf das Selbstverständnis der Geschlechter in einer Partnerschaft auswirkt (und erklärt, von wem die „Trennung" in der Regel ausgeht, vgl. [5]).

[81] Ich bin fest davon überzeugt, dass der Musikgeschmack sehr viel über das Wesen eines Menschen aussagt. Wer in Liebesdingen noch nach seinen Seelenpartner sucht, der findet ihn vielleicht auf einem Konzert seiner Lieblingsband (ich hatte auf diesem Weg immer Erfolg).

[82] Vgl. [53].

[83] Ich bezweifle, dass wir Deutschen uns in einer solchen Situation anders verhalten würden. Noch mehr bezweifle ich, dass wir uns eine solche Situation überhaupt vorstellen können, heute nach mehr als 70 Jahren Frieden und Wohlstand.

[84] Vgl. [54].

[85] Vgl. [55].

[86] Vgl. [56].

[87] Was wohl v.a. dem medizinischen Fortschritt und dem Rückgang körperlich stark beanspruchender Arbeit zuzuschreiben ist.

[88] Vgl. [55].

[89] Vgl. [57].

[90] Vgl. [58].

[91] Vgl. [53].

[92] Selbst wenn die Frau auf "Arschloch"-Typen steht, wirst du dir bei der starken Konkurrenz nicht alles erlauben können.

[93] Die Regierung in Moskau hat den hohen Alkoholkonsum im Land als ernstes Problem wahrgenommen und so wurde 2009 ein Anti-Alkohol Konzept beschlossen (z. Bsp. wurde ein Werbeverbot für Alkohol eingeführt). Die Maßnahmen scheinen Erfolg zu haben, denn der Alkoholkonsum zwischen 2004 und 2016 ist von 20,3 auf 10,3 Liter pro Kopf um fast die Hälfte gesunken (vgl. [59]).

[94] Vgl. [60].

[95] Vgl. [61].

[96] Das ist auch der entscheidende Punkt, an dem sich die Gegner der „Ehe für alle" (die außerhalb des Westens die Mehrheit stellen) stören. Man muss diese Sicht der Dinge nicht teilen, es soll nur verdeutlichen, dass unser moralischer Kompass, der Werten wie Freiheit und Toleranz einen besonders hohen Stellenwert zuschreibt, im Ausland nicht immer für Begeisterung sorgt.

[97] Vgl. [62].

[98] Vgl. [63].

[99] Vgl. [64].

[100] Das Renteneintrittsalter wurde kürzlich, zum ersten Mal seit 90 Jahren, reformiert. Es liegt nun (2018) bei 60 Jahren für Frauen und 65 Jahren für Männer (vgl. [65]). Wer jetzt neidisch nach Russland blickt, sollte sich aber im Klaren sein, dass die dortige Rente nicht dem entspricht, was ein Deutscher für ein „gutes Leben" als angemessen erachten würden.

[101] Vgl. [62].

[102] Umgekehrt bekämpft auch Russland den Einfluss der „westlichen Dekadenz" auf die eigene Gesellschaft, sodass man getrost von einem Kamp der Systeme sprechen kann (vgl. [66]).

[103] Vgl. [67].

[104] Vgl. [68].

[105] Vgl. [69].

[106] Das bedeutet natürlich nicht, dass mit der Gründung einer Familie in Russland ein Leben in totaler Enthaltsamkeit beginnt. Gemeint ist, dass mit diesem neuen Lebensabschnitt ebenso eine neue Lebensphilosophie einhergeht.

[107] Vgl. [70].

[108] Vgl. [71].

[109] Vgl. [72].

[110] Vgl. [73].

[111] Vgl. [74] und [75].

[112] In Russland herrscht z. Bsp. ein (meiner Meinung nach) zu hohes Maß an Patriotismus, der von den Herrschenden auch gerne bedient wird, um von bestehenden Problemen abzulenken.

[113] Vgl. [76].

[114] Vgl. [77].

[115] Vgl. [78].

[116] Wobei ich die Wiedergeburt der Religion in Russland auch nicht überbewerten möchte. Die Kirche spielt im Leben vieler Russen wieder eine Bedeutung, was dennoch nur einen kleineren Teil zu regelmäßigen Kirchengängern macht. Gläubig oder nicht, der Einfluss der Religion auf den gesamtgesellschaftlichen „Wertekompass" ist natürlich trotzdem vorhanden.

[117] Von der Möglichkeit sich selbstständig zu machen und selbst Unternehmer zu werden mal gar nicht zu sprechen.

[118] Gerade wenn diese Meinung hochgradig heuchlerisch daherkommt. Das ist zumindest bei denjenigen der Fall, die über den aufkeimenden „Rechtspopulismus" in Europa schimpfen, aber „Multikulti" nur dann tolerieren, solange es etwas Abstraktes bleibt, dass in irgendeinem Großstadtviertel stattfindet. Oder dem eigenen Vorteil dient. Ich bin mir sicher, dass das Wählerverhalten bzgl. „rechter Parteien" ein anderes wäre, wenn anstelle einer vorrangig männlichen Einwanderung im Zuge der „Flüchtlingskrise" z. Bsp. in selbem Ausmaß ukrainische Frauen die Krise in ihrem Land als Anlass

sehen, sich in Deutschland niederzulassen (und zur besseren Integration Flirtkurse für den korrekten Umgang mit deutschen Männern besuchen, vgl. [79]). Es würde zumindest dem Frauenanteil in rechten Parteien sowie deren Wählerschaft zugutekommen.

[119] Vgl. [80].

[120] Vgl. [81].

[121] Wobei Attraktivität bis zu einem gewissen Grad natürlich relativ und das Männer-Ideal in Russland ein anderes als in Deutschland ist. Sicherlich sind sich aber alle Frauen auf dieser Welt darin einig, dass der Traummann nicht der lüsterne Greis auf der Suche nach Jungfleisch ist.

[122] Es gibt natürlich auch in Deutschland die Konstellation reicher Opa und junge Schönheit. Das Resultat ist dasselbe, nur das in diesem Fall niemand auf die Idee kommen würde, alle deutschen Frauen – so wie das bei russischen Frauen der Fall ist – pauschal als geldgierige Monster zu diffamieren.

[123] Ich denke allerdings, dass in vielen solchen Fällen das „Opfer" nicht so blind ist, wie es der Außenstehende wahrnimmt. Eine Frau, die ihr Leben lang ignoriert wurde und plötzlich jemanden hat, der sie die triste Einsamkeit vergessen lässt, hat keinen Grund rational zu denken. Sie wird dem jungen Ausländer eher dafür dankbar sein und diesen Moment der Zuneigung genießen. Das letztere gespielt sein könnte, dessen wird sie sich vielleicht sogar bewusst sein, aber diese Tatsache

vernachlässigen solange es ihr die ansonsten so harte Realität erlaubt.

[124] Und nein, mir geht es nicht darum, die Sinnhaftigkeit einer solchen Institution in Frage zu stellen. Es ist gut, dass es Einrichtungen gibt, an die sich Menschen in der Not wenden können. Es ist die Art, wie hier versucht wird, die Tatsache herunterzuspielen, dass die Beziehung eines westeuropäischen Mannes mit einer osteuropäischen Frau (den Zahlen nach) stabiler ist als mit einer westeuropäischen Sozialarbeiterin. Natürlich ist es ebenso das männerfeindliche und rassistische Weltbild (osteuropäische Frauen scheinen darin geistig minderbemittelte Opfernaturen zu sein), das bewusst oder unbewusst diesem (V-)Erklärungsversuch zu Grunde liegt und mich zu dieser Art von literarischem Brechreiz veranlasst.

[125] Vgl. [82].

[126] Wobei auch hier gilt, dass ungleiche russische Paare stabiler als ihr deutsches Äquivalent sind. Jeder der eine längere Reise durch Russland macht, wird Ersteres weit öfter beobachten, als er es in Deutschland tun wird.

[127] Vgl. [53].

[128] Vgl. [5].

[129] Wobei ich nicht darüber hinwegtäuschen möchte, dass Grundkenntnisse der englischen oder gar der russischen Sprache die Sache wesentlich leichter machen.

[130] Was dich zu einer Ausnahme unter den männlichen Singles in Deutschland macht.

[131] Ich möchte nicht darüber hinwegtäuschen, dass ebenso westliche Frauen einen gewissen Versorger-Status bei ihrer Partnerwahl – zumindest für eine langfristige Bindung – voraussetzen. Dieser ist aber eher als Vorbedingung zu sehen und weniger als Qualitätskriterium.

[132] Sofern er seinen Mitmenschen dabei keinen Schaden zufügt, also Dinge tut, die ein gemeinschaftliches Zusammenleben unmöglich machen.

[133] Freilich gibt es für jede Regel eine Ausnahme und deswegen natürlich auch russische Frauen, die eine lockere oder gar offene Beziehung akzeptieren würden. Ich spreche (wie immer) von Wahrscheinlichkeiten und diesbezüglich stehen deine Chancen im Westen besser.

[134] Jedoch haben ruhige Männer oft einen schlechteren Entertainer-Status als ein vergleichbarer „lauter" Geschlechtsgenosse. In diesem Sinne haben erstere bei russischen Frauen meist mehr Luft nach oben.

[135] Mein Tipp an dich lautet, dass du es zunächst mit den Frauen versuchen solltest, die dich nicht nervös machen, also die dir „egal" sind. Arbeite dich dann mit zunehmenden Selbstvertrauen beim schönen Geschlecht in der Attraktivitätsskala nach oben, bis du an deine natürlichen Grenzen stößt. An diesem Punkt hast du deinen (westlichen) Marktwert erreicht und kannst (realistisch) einschätzen, ob du in Russland „etwas Besseres" bekommen kannst.

[136] Vgl. [83].

[137] Viele Pick-Up Gurus sind der Meinung, dass das Ansprechen einer Frau im „echten Leben" den meisten Erfolg bringt (vgl. [84]). Ich kann dem nur teilweise zustimmen und behaupte, dass alles auf der Welt seine Vor- und Nachteile hat.

[138] Auch wenn viele (junge) Russen der englischen Sprache mächtig sind, sind sie es insgesamt weniger als in Deutschland. Wer sich allein in Großstädten bewegt wird damit durchkommen, ansonsten wird es schwierig.

[139] Veranstaltungen dieser Art finden sich beispielsweise auf Seiten wie „www.duet-club.ru".

[140] Damit möchte ich keinesfalls der Mehrheit der deutschen Frau unterstellen, sich von einer solchen, zugegeben etwas dümmlichen, Selbstdarstellung beeindrucken zu lassen. Mit diesem Beispiel möchte ich lediglich den unterschiedlichen Stellenwert von Versorger- und Entertainer-Qualitäten veranschaulichen.

[141] Vgl. [1].

[142] Weiteren Mitgliedern der Band Rammstein wird ebenfalls nachgesagt, eine Liebesbeziehung mit einer russischen oder ukrainischen Frau zu führen.

# III. Quellenverzeichnis

1. Kevin Kobold, Dr. Sven Schmiedel (2018): *Wahlverhalten bei der Bundestagswahl 2017*. Statistisches Bundesamt.

2. Statistisches Bundesamt (2020): *Alleinstehende nach Alter, Geschlecht und Gebietsstand.* [online]. URL: https://www.destatis.de/DE/Themen/Gesellschaft-Umwelt/ Bevoelkerung/Haushalte-Familien/Tabellen/4-1- alleinstehende.html [Stand 01.02.2022].

3. Anna Clauß, Ann-Kathrin Nezik und Miriam Olbrisch (2016): *Die Sehnsuchenden*, in: Spiegel Online. [online]. URL: https://www.spiegel.de/plus/liebe-wieso-so-viele- keinen-partner-fuers-leben-finden-a-809d3fda-49b1-437f- 9444-7368dcd58aa5 [Stand 01.02.2022].

4. Mintel Group (2017): *Single Lifestyles UK 2017 Report.* [online]. URL: http://www.mintel.com/press-centre/social- and-lifestyle/all-the-single-ladies-61-of-women-in-the-uk-are- happy-to-be-single-compared-to-49-of-men [Stand 01.02.2022].

5. Rosenfeld, Michael (2017): *Who wants the Breakup? Gender and Breakup in Hetersexual Couples*. Department of Sociology, Stanford University.

6. Boddera, Elke (2007): *Warum Frauen eher fremdgehen als Männer*, in: Welt. [online]. URL: https://www.welt.de/ partnerschaft/article972954/Warum-Frauen-eher-fremdgehen- als-Maenner.html [Stand 01.02.2022].

7. University College London (2018): *Next Steps Project.*

8. Steffens, Regina (2017): *Junge Singles haben weniger Sex als früher*, in: Leipziger Volkszeitung. [online]. URL: http://www.lvz.de/Thema/Specials/Campus-Online/Lehre-Forschung/Junge-Singles-haben-weniger-Sex-als-frueher [Stand 01.02.2022].

9. Röttgerkamp, Anne (2018): *Internet Pornografie – Zahlen, Statistiken, Fakten*, in: Netzsieger. [online]. URL: https://www.netzsieger.de/ratgeber/internet-pornografie-statistiken [Stand 01.02.2022].

10. Statista (2020): *Singles in Deutschland nach Geschlecht im Vergleich mit der Bevölkerung im Jahr 2018*. [online]. URL: https://de.statista.com/statistik/daten/studie/286810/umfrage/umfrage-in-deutschland-zur-anzahl-der-singles-nach-geschlecht [Stand 01.02.2022].

11. Fraser, Nancy (2013): *Neoliberalismus und Feminismus: Eine gefährliche Liaison*, in: Blätter. [online]. URL: https://www.blaetter.de/archiv/jahrgaenge/2013/dezember/neoliberalismus-und-feminismus-eine-gefaehrliche-liaison [Stand 01.02.2022].

12. Gemeinsame Wissenschaftskonferenz (2016): *Chancengleichheit in Wissenschaft und Forschung (Heft 50)*. Bonn.

13. ZEIT ONLINE (2016): *Die Ressource 'gebildeter Mann' wird knapp*. [online]. URL: https://www.zeit.de/zeit-magazin/2016-04/partnerboerse-parship-elite-online-digitales-kennenlernen-liebe [Stand 01.02.2022].

14. Karl Grammer (1994): *Signale der Liebe: Die biologischen Gesetze der Partnerschaft*. Hoffmann und Campe.

15. Marcel Zentner, Alice H. Eagly (2015): *A sociocultural framework for understanding partner preferences of women and men: Integration of concepts and evidence*, in: European Review of Social Psychology.

16. Fugere, Madeleine (2017): *The Importance of Physical Attractiveness to the Mate Choices of Women and Their Mothers*. Eastern Connecticut State University.

17. Erdmann, Nicola (2017): *So schwer haben es Durchschnittsmänner mit Dating-Apps*, in: Welt. [online]. URL: https://www.welt.de/icon/partnerschaft/article168486189/So-schwer-haben-es-Durchschnittsmaenner-mit-Dating-Apps.html [Stand 01.02.2022].

18. ÄrzteZeitung (2019): *VDÄPC-Umfrage, Immer mehr Männer gehen zur Schönheits-Op*. [online]. URL: https://www.aerztezeitung.de/Medizin/Immer-mehr-Maenner-gehen-zur-Schoenheits-Op-255572.html [Stand 01.02.2022].

19. think about pink ads (2015): *Sheconomy - Zahlen und Fakten die belegen, dass Frauen mehr konsumieren als Männer*. [online]. URL: http://www.think-about-pink-ads.de/sheconomy-zahlen-und-fakten-die-belegen-dass-frauen-mehr-konsumieren-als-maenner [Stand 01.02.2022].

20. Brigitte (2017): *BRIGITTE-Studie "Mein Leben, mein Job, und ich"*.

21. Kuntz, Katrin (2018): *Die Liebesjäger*, in: Der Spiegel Nr. 31/2018.

22. Rissmann-Telle, Ursula (2020): *Zu viele Männer: China und Indien kämpfen mit den Folgen des Geschlechterungleichgewichts*, in: Netzfrauen. [online]. URL: https://netzfrauen.org/2018/05/22/chinaindien [Stand 01.02.2022].

23. Statistisches Bundesamt (2021): *Bevölkerungsstand*. [online]. URL: https://www.destatis.de/DE/Themen/Gesellschaft-Umwelt/Bevoelkerung/Bevoelkerungsstand/Tabellen/liste-zensus-geschlecht-staatsangehoerigkeit.html [Stand 01.02.2022].

24. Wido Geis, Anja Katrin Orth (2017): *Weniger Frauen gehen, Männerüberschuss bleibt bestehen*, in: IW-Köln. [online]. URL: https://www.iwkoeln.de/studien/iw-kurzberichte/beitrag/wido-geis-anja-katrin-orth-weniger-frauen-gehen-maennerueberschuss-bleibt-bestehen-302444.html    [Stand 01.02.2022].

25. Dr. Harald Lederer, Marlene Kerpal (2012-2017): *Das Bundesamt in Zahlen*. Bundesamt für Migration und Flüchtlinge. Nürnberg.

26. Arnsperger, Malte (2017): *Einreisen, Asylanträge, Abschiebungen: Wo stehen wir zwei Jahre nach Flüchtlingssommer?*, in: FOCUS Online. [online]. URL: https://www.focus.de/politik/deutschland/focus-online-serie-einreisen-asylantraege-abschiebungen-wo-stehen-wir-2-jahre-nach-fluechtlingssommer_id_8058073.html    [Stand 01.02.2022].

27. bochum.de (2019): *Die wichtigsten Zahlen zur Bochumer Bevölkerung*. [online]. URL: https://www.bochum.de/Referat-fuer-politische-Gremien-Buergerbeteiligung-und-Kommunikation/Statistik/Die-wichtigsten-Zahlen-zur-Bochumer-Bevoelkerung [Stand 01.02.2022].

28. Bundesministerium für Bildung und Forschung (2020): *Bevölkerung in Deutschland nach Alter und Geschlecht*. Tabelle 0.14.

29. Studie im Auftrag der Deutschen Islam Konferenz (2021): *Muslimisches Leben in Deutschland 2020*. Bundesamt für Migration und Flüchtlinge. Nürnberg.

30. Catherine Simon (2017): *Bildungsstand von Flüchtlingen: Umfrage deckt "Wissenschaftsskandal" auf*, in: n-tv. [online]. URL: https://www.n-tv.de/wirtschaft/Umfrage-deckt-Wissenschaftsskandal-auf-article20205533.html    [Stand 01.02.2022].

31. Edith Kresta, Interview (1998): *Ein total anderer Liebes-begriff*, in: taz.de, die Tageszeitung. [online]. URL: https://taz.de/!1319979 [Stand 01.02.2022].

32. Bundesjustizministerium (2006): *Gesetzentwurf der Bundesregierung zur Umsetzung europäischer Richtlinien zur Verwirklichung des Grundsatzes der Gleichbehandlung.* Bundesratsdrucksache 329/06.

33. Statistisches Bundesamt (2020): *Durchschnittliche Lebenserwartung nach Geschlecht und vollendetem Alter*, in: GENESIS-Online Datenbank.

34. Eichler, Margrit (1995): *Change of Plans: Towards a Non-Sexist Sustainable City*. University of Toronto Press.

35. Statistisches Bundesamt (2020): *Familiengerichte*. Fachserie 10 Reihe 2.2.

36. U.S. Department of Justice (1998): *What Can the Federal Government Do To Decrease Crime and Revitalize Communities?*

37. Deutsche Gesellschaft für Suizidprävention (2012): *Suizide in Deutschland 2012: Suizidzahlen und -raten 1990-2012 in Deutschland.*

38. Reinsch, Melanie (2018): *Startup Szene: Warum so wenige Frauen ein Unternehmen gründen*, in: Berliner Zeitung. [online]. URL: https://www.berliner-zeitung.de/wirtschaft/ startup-szene-warum-so-wenige-frauen-ein-unternehmen-gruenden-29420696 [Stand 01.02.2022].

39. Strupler, Merièm (2019): *Der alte weisse Mann ist System*. [online]. URL: https://www.woz.ch/-9cd1 [Stand 01.02.2022].

40. Statistisches Bundesamt (2020): *Bildung und Kultur, Allgemeinbildende Schulen - Fachserie 11 Reihe 1.*

41. Dr. med. Birgit Hibbeler, Heike Korzilius (2008): *Arztberuf: Die Medizin wird weiblich*, in: Deutsches Ärzteblatt. [online]. URL: https://www.aerzteblatt.de/archiv/59406/Arztberuf-Die-Medizin-wird-weiblich [Stand 01.02.2022].

42. Handelsblatt (2018): *Irans Frauen dürfen erstmals seit 40 Jahren ins Stadion.* [online]. URL: https://www.handelsblatt.com/sport/wm2018/wm-staerkt-frauenrechte-irans-frauen-duerfen-erstmals-seit-40-jahren-ins-stadion/22718826.html [Stand 01.02.2022].

43. Aagoth Storvik, Mari Teigen (2010): *Das norwegische Experiment - eine Frauenquote für Aufsichtsräte*. Friedrich-Ebert-Stiftung / Internationale Politikanalyse.

44. Guttmann, Katja (2018): *Kalifornien führt als erster Bundesstaat eine Frauenquote für Verwaltungsräte ein*, in: Handelsblatt. [online]. URL: https://www.handelsblatt.com/politik/international/usa-kalifornien-fuehrt-als-erster-bundesstaat-eine-frauenquote-fuer-verwaltungsraete-ein/23133290.html [Stand 01.02.2022].

45. Crouch, Betsy (2012): *Finding a Voice in the Academy: The History of Women's Studies in Higher Education*, in: The Vermont Connection.

46. OkCupid (2014): *Race and Attraction, 2009–2014.*

47. Independent Lens (2013): *Do Asian Women have White Fever?*. [online]. URL: http://www.pbs.org/independentlens/videos/do-asian-women-have-white-fever [Stand 01.02.2022].

48. Mswati, Mike (2018): *Sex tourism - 'Mzungu' women who travel to Kenya to get laid by local men*, in: SDE Entertainment. [online]. URL: https://www.sde.co.ke/article/

2001252790/sex-tourism-mzungu-women-who-travel-to-kenya-to-get-laid-by-local-men [Stand 01.02.2022].

49. Verband binationaler Familien und Partnerschaften (2018): *Top 10 der Partnerwahl - 2017.* [online]. URL: https://www.verband-binationaler.de/verband/presse/zahlen-fakten/top-ten-der-ehepartnerwahl [Stand 01.02.2022].

50. Wikipedia.org (2020): *Russland.* [online]. URL: https://de.wikipedia.org/wiki/Russland [Stand 01.02.2022].

51. James Marson, Thomas Grove (2018): *Better Off Than Their Parents: Why Russia's Youth Are Backing Putin*, in: The Wall Street Journal. [online]. URL: https://www.wsj.com/articles/better-off-than-their-parents-why-russias-youth-are-backing-putin-1521205201 [Stand 01.02.2022].

52. Wiechers, Henning (2022): *Partnervermittlung für Osteuropa Test 01/2022.* [online]. URL: https://www.singleboersen-vergleich.de/osteuropa.htm [Stand 01.02.2022].

53. Левада-Центр (2018): *Гендерные стереотипы.* [online]. URL: http://www.levada.ru/2018/03/29/gendernye-stereotipy [Stand 01.02.2022].

54. Statistisches Bundesamt (2022): *Tabelle: Bevölkerung (Zensus): Deutschland, Stichtag, Geschlecht, Altersgruppen*, in: Genesis Online Datenbank.

55. Rosstat (2021): *Численность населения Российской Федерации по полу и возрасту.* [online]. URL: https://rosstat.gov.ru/storage/mediabank/Bul_chislen_nasel-pv_01-01-2021.pdf [Stand 01.02.2022].

56. Osterkamp, Jan (2015): *Mehr Söhne überleben die Schwangerschaft*, in: Spektrum. [online]. URL:

https://www.spektrum.de/news/mehr-soehne-ueberleben-die-schwangerschaft/1340136 [Stand 01.02.2022].

57. Анкетолог (2017): *Сколько россиян занимается спортом?*. [online]. URL: https://iom.anketolog.ru/2017/04/10/skol-ko-rossiyan-zanimaetsya-sportom [Stand 01.02.2022].

58. Олег (2020): *Статистика мужчин и женщин*, in: Vawilon. [online]. URL: https://vawilon.ru/statistika-muzhchin-i-zhenshhin [Stand 01.02.2022].

59. Strauch, Christoph (2018): *Exzess der extremen Art*, in: Frankfurter Allgemeine Zeitung. [online]. URL: http://www.faz.net/aktuell/gesellschaft/gesundheit/alkoholismus-in-russland-der-kampf-klappt-nur-bedingt-15397842.html [Stand 01.02.2022].

60. WHO (2011): *Global status report on alcohol and health*.

61. Анкетолог (2018): *Взгляды россиян на феминизм*. [online]. URL: https://iom.anketolog.ru/2018/10/15/otnoshenie-rossiyan-k-feminizmu [Stand 01.02.2022].

62. Левада-Центр (2016): *Обыденный сексизм: существует ли в России равноправие полов*. [online]. URL: https://www.levada.ru/2016/04/13/obydennyj-seksizm-sushhestvuet-li-v-rossii-ravnopravie-polov [Stand 01.02.2022].

63. Weikard, André (2010): *Dekadent, arrogant und faul*, in: Süddeutsche Zeitung. [online]. URL: https://www.sueddeutsche.de/kultur/ost-west-diskussion-dekadent-arrogant-und-faul-1.950452 [Stand 01.02.2022].

64. Pavel Lokshin, Matthias Schepp (2015): *Mit Handgranate im Dior-Täschchen*, in: Spiegel-Online. [online]. URL: http://www.spiegel.de/wirtschaft/unternehmen/russland-43-

prozent-frauenanteil-in-den-fuehrungsetagen-a-1042448.html
[Stand 01.02.2022].

65. ZEIT ONLINE (2018): *Wladimir Putin lenkt bei geplanter Rentenreform ein.* [online]. URL: https://www.zeit.de/politik/ausland/2018-08/russland-wladimir-putin-rentenreform-frauen [Stand 01.02.2022].

66. Matthews, Owen (2016): *Revealed: Putin's covert war on western decadence*, in: The Spectator. [online]. URL: https://www.spectator.co.uk/2016/10/revealed-putins-covert-war-on-western-decadence [Stand 01.02.2022].

67. Windisch, Elke (2012): *Pussy Riot - Frauenaufstand gegen Putin*, in: Der Tagesspiegel. [online]. URL: https://www.tagesspiegel.de/weltspiegel/russland-pussy-riot-frauenaufstand-gegen-putin/6346712.html [Stand 01.02.2022].

68. Schweizer Radio und Fernsehen (2013): *Pussy Riot kapitulieren nicht: «Jetzt fängt alles erst an».* [online]. URL: https://www.srf.ch/news/international/pussy-riot-kapitulieren-nicht-jetzt-faengt-alles-erst-an [Stand 01.02.2022].

69. Interfax (2012): *Акцию "Pussy Riot" в храме Христа Спасителя осуждают 70% россиян, тюрьмы требует каждый третий - опрос.* [online]. URL: http://www.interfax-religion.ru/?act=news&div=45076 [Stand 01.02.2022].

70. Rep.Ru (2017): *Россиянки стали позже рожать первого ребенка. Какой же возраст является идеальным для родов?.* [online]. URL: https://rep.ru/articles/940-rossiyanki-stali-pozzhe-rozhat-pervogo-rebenka-kakoj-zhe-vozrast-yavlyaetsya-idealnim-dlya-rodov [Stand 01.02.2022].

71. Statistisches Bundesamt (2021): *Durchschnittliches Alter der Mutter bei der Geburt des Kindes 2020.* [online]. URL:

https://www.destatis.de/DE/Themen/Gesellschaft-Umwelt/
Bevoelkerung/Geburten/Tabellen/geburten-eltern-
biologischesalter.html [Stand 01.02.2022].

72. Слободян, Елена (2018): *Почему женщины в России образованнее мужчин?*, in: Аргументы и Факты. [online]. URL: https://aif.ru/society/education/pochemu_zhenshchiny_v_rossii_obrazovannee_muzhchin [Stand 01.02.2022].

73. Statista (2021): *Anzahl der Haustiere in deutschen Haushalten nach Tierarten in den Jahren 2000 bis 2020.* [online]. URL:
https://de.statista.com/statistik/daten/studie/30157/umfrage/an
zahl-der-haustiere-in-deutschen-haushalten-seit-2008/ [Stand 01.02.2022].

74. Carcio, Helen (1998): *Management of the Infertile Woman. Lippincott.*

75. Rosenthal, M. Sara (1996): *The Fertility Sourcebook. Lowell House.*

76. Левада-Центр (2017): *Семейные ценности в приоритете.* [online]. URL: https://www.levada.ru/2017/11/13/semejnye-tsennosti-v-prioritete [Stand 09.12.2020].

77. Hinz, Oliver (2018): *Die orthodoxe Kirche in Russland: Eine Kirche der Rekorde*, in: Kirche+Leben. [online]. URL: https://www.kirche-und-leben.de/artikel/die-orthodoxe-kirche-in-russland-eine-kirche-der-rekorde          [Stand 01.02.2022].

78. Левада-Центр (2017): *Religion and superstition.* [online]. URL:        https://www.levada.ru/en/2017/12/11/religion-and-superstition [Stand 01.02.2022].

79. Otto, Christin (2016): *Ein Flirtkurs für Flüchtlinge - von Security bewacht*, in: Welt. [online]. URL: https://www.welt.de/vermischtes/article158056372/Ein-Flirtkurs-fuer-Fluechtlinge-von-Security-bewacht.html [Stand 01.02.2022].

80. Der Spiegel (2017): *Binationale Ehen in Deutschland*, in: Der Spiegel Nr. 13/2017.

81. Peters, Freia (2015): *Warum binationale Ehen viel häufiger zerbrechen*, in: Welt. [online]. URL: https://www.welt.de/politik/deutschland/article137596968/Warum-binationale-Ehen-viel-haeufiger-zerbrechen.html [Stand 01.02.2022].

82. Berthoud, Jean-Michel (2005): *Osterweiterung des Heiratsmarktes*, in: SWI swissinfo.ch. [online]. URL: https://www.swissinfo.ch/ger/osterweiterung-des-heiratsmarktes/4580532 [Stand 01.02.2022].

83. Statista (2016): *Umfrage zum Kinderwunsch und gewünschter Kinderzahl in Deutschland.* [online]. URL: https://de.statista.com/statistik/daten/studie/501018/umfrage/kinderwunsch-und-geplante-kinderzahl-von-maennern-und-frauen-in-deutschland [Stand 01.02.2022].

84. Pütz, Maximilian (2017): *Warum Online Dating Zeitverschwendung ist*, in: Casanova Coaching. [online]. URL: https://www.casanovacoaching.de/online-dating-zeitverschwendung [Stand 01.02.2022].

Zeitfracht Medien GmbH
Ferdinand-Jühlke-Straße 7
99095 Erfurt, Deutschland
produktsicherheit@kolibri360.de